"抵御外侮——中华英豪传奇"丛书

丛书主编　张海鹏



# 抗法名将

## 冯子材

史全生◎著

南京出版传媒集团
南京出版社

**图书在版编目(CIP)数据**

抗法名将冯子材/史全生著.—南京:南京出版社,2016.8
(抵御外侮:中华英豪传奇)
ISBN 978-7-5533-1221-7

Ⅰ.①抗… Ⅱ.①史… Ⅲ.①冯子材(1818～1903)—传记 Ⅳ.①K825.2

中国版本图书馆 CIP 数据核字(2016)第 012658 号

**书　　名**　抗法名将冯子材
**作　　者**　史全生
**出版发行**　南京出版传媒集团
　　　　　　南 京 出 版 社
社址:南京市太平门街 53 号　　邮编:210016
网址:http://www.njcbs.cn　　电子信箱:njcbs1988@163.com
联系电话:025-83283893、83283864(营销)　025-83112257(编务)

**出 版 人**　朱同芳
**出 品 人**　卢海鸣
**责任编辑**　张　晶
**装帧设计**　王　俊　王　敏
**责任印制**　杨福彬

**排　　版**　江苏凤凰制版有限公司
**印　　刷**　江苏凤凰通达印刷有限公司
**开　　本**　787 毫米×1092 毫米　1/32
**印　　张**　4
**字　　数**　65 千字
**版　　次**　2016 年 8 月第 1 版
**印　　次**　2022 年 10 月第 5 次印刷
**书　　号**　ISBN 978-7-5533-1221-7
**定　　价**　18.00 元
上架建议　教育·历史

用微信或京东
APP扫码购书

用淘宝APP
扫码购书

# 编 委 会

# 总　序

在中华民族的历史上，沿海倭寇的肆意袭扰，西方列强的坚船利炮，侵华日军的烽火狼烟，一次又一次将中华民族推向生死存亡的边缘，给中华民族带来了深重的灾难与难以磨灭的痛苦记忆。中国从一个封建国家演变为一个半殖民地半封建国家。国运危亡，威胁着每一个中国人。

天下兴亡，匹夫有责。抵御外侮，救亡图存，成为面临外敌入侵、民族危亡时中国人思考的第一课题。也正是在这样的危难时刻，中华民族产生出一个又一个舍生取义、矢志报国的英雄豪杰，他们一回又一回地挽狂澜于既倒，扶大厦于将倾。他们的丰功伟绩，不只是单纯地拯救了某个王朝，某个皇帝，而是拯救了整个中华民族的血脉与希望；正像我们的国歌所唱的那样:把我们的血肉铸成新的长城,他们的奋斗和牺牲,把中国的历史命运一次一次推向一个进步的新阶段;他们的高风亮节,不只是中华儿女景仰、学习的榜样,也是人类不屈不挠、英勇抗暴精神的象征。抗敌御侮的英雄事迹,构成了中华优秀传统的新的篇章。

中华民族没有在外敌面前屈服、倒下,而是在一次一次斗争后走向新生,走向进步。作为唯一延续至今未曾中断过的中华文明不断在成长,中华民族依旧傲然挺立于世界民族之林,中华民族的文化传统,不仅没有消逝在历史长河之中,反而发扬光大,成为造就中国特色社会主义的基本历史因素。

为了歌颂中华英豪的爱国精神,为了纪念中国人民抵御外侮的伟大事迹,为了弘扬优秀的传统文化,南京出版传媒集团·南京出版社推出“抵御外侮——中华英豪传奇”丛书。

这套丛书是面向青少年的普及性读物,聘请各有所长的学者撰写,力图用生动活泼的语言,引人入胜的故事,准确的历史事实,努力展现明清以来各个时期抵御外侮的英雄豪杰的事迹,描绘每一位英豪的成长历程和闪光人生，再现了他们人生的不朽光辉。丛书通过这些在抵御外侮中发挥重大作用的英雄人物，向广大青少年表达了中华民族热爱和平、热爱祖国的家国情怀。

如今，我们正走在中华民族复兴的伟大征程之上，国家发展前程似锦，国际地位日益提高，全世界的目光都在转向中国，可以说，今天的中国距离中华民族复兴的伟大梦想，比以往任何时候都更为接近了。越是在这种时候，我们越是要记住为实现中华民族伟大梦想而奋斗、而牺牲的先烈；在我们昂首阔步走向未来新征程的路上，我们更应该居安思危、以史为鉴。历史已经证明：每一段抵御外侮的历史，都是一段维护正义的历史；每一场抵御外侮的斗争，都是一场维护和平的斗争；每一次抵御外侮的奋斗，都是一次为了实现人民美好生活的奋斗，正义终将胜利，和平终将胜利，人民终将胜利。

“抵御外侮——中华英豪传奇”丛书在传播正能量、弘扬爱国主义情怀的同时，提醒我们，在和平时期，抵御外侮的精神同样不可或缺，抵御外侮的英豪也同样不应遗忘，我们今时今日所有的成就与繁荣，离了这种精神、这些英豪，都是万万不可想象的。

“抵御外侮——中华英豪传奇”丛书，不只是为了缅怀先烈，更是为了激励后人；不只是为了铭记历史，更是为了展望未来。

为青少年编写历史小丛书，是一项崇高的事业。20世纪50—60年代，吴晗主编了《中国历史小丛书》《世界历史小丛书》，对当时的青少年起到了历史教育的奠基作用，事实证明是成功的出版经验。我期待南京出版社继续努力，把这个崇高的事业承担起来，拓展开来。为这个崇高的事业投入人力、物力和财力，是会得到善报的，这个善报，不在多少金钱，而在一代一代具有丰富历史知识的青少年的成长，他们将成为国家的栋梁。

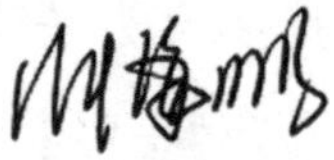

（中国社会科学院学部委员、中国史学会原会长）

# 目 录

# 引　言

近代中国由于积贫积弱，不断遭受西方列强的侵略。中国人民为了维护国家领土主权的完整，也不断地进行了不屈不挠、英勇顽强的反侵略斗争。在这些反侵略斗争中涌现了许多可歌可泣的民族英雄和爱国将领。冯子材便是其中之一。在 19 世纪 80 年代中法战争中，当中国边疆不断遭受法军重创，国势岌岌可危之时，他排除重重阻挠，率领广大爱国官兵冲入敌阵，奋勇杀敌，一举取得了镇南关大捷，扭转了战争局势，有力地捍卫了国家领土主权的完整。



在 1884—1885 年间法国侵略中国的那场中法战争中，法国侵略者气势汹汹，兵分水陆两路：一路由孤拔率领法国海军直闯我东南海疆，陆路则从越南直逼我西南边疆。由于清朝一开始就奉行了退让妥协的外交政策，以致法军步步紧逼，海军侵入了我闽江内河军港，全歼我福建水师，炸毁了我国当时最大的一家船舶修造厂——

福州船政局，占据我澎湖列岛，封锁我台湾和沿海各港口，并一度侵占我台湾基隆港；陆路则击溃我广西边防军，毁坏镇南关，毁我西南国门。在这严峻的形势之下，在广大爱国官员们的强烈要求下，朝廷被迫启用了年近七旬的爱国老将冯子材。

冯子材(1818—1903)，广东钦州(今属广西壮族自治区)人，出身于贫苦家庭，因自小即受社会恶势力欺负，为求自保而练就了一身好武功，后入清军参加了镇压太平天国运动。由于他坚持与广大官兵同甘苦，反对克扣军饷和私设关卡，苛索百姓，因而深得广大官兵和百姓的爱戴；又善于运用设围打援的战略，因而屡建奇功，从基层武官一步步登上了从一品的地方最高武官的广西提督。后来他又在两广地区积极镇压反叛势力，维护地方治安，还接受越南国王请求，三次深入越南境内，帮助越南平叛；而且他军纪严明，秋毫无犯，深受两广地区和越南广大民众的爱戴。当中法战争广西前线遭受法军重创，镇南关被毁，国家领土主权遭受严重威胁的时候，在广大爱国官员的呼吁下，清皇朝重新起用他，令其前往广西前线保疆卫国，抵抗法国侵略。虽然这时他已年近七旬，已经须发皆白，但依然大义凛然，率领两个儿子，奔赴抗法前线，表达了一位爱国将领的拳拳爱国情怀。

在广西镇南关前线，他以自己坚强的抗敌决心，一扫各将领新败之余的失败情绪，树立了必胜的信心，积极构筑防御工事。当大批法军前来挑衅时，他充分利用有利地形，并且率领两个儿子，振臂高呼，一马当先，奋不顾身，率先杀入敌阵，冲锋陷阵。各将领在他的感召下，也无不以一当十，奋勇杀敌，终于取得了镇南关大捷的辉煌战绩。随后他又指挥大军乘胜追击，帮助越南先后收复了文渊、谅山、屯梅、谷松等越南国土，把法军一直追赶到船头、郎甲地方，导致了法国茹费理内阁的垮台，大长了中国人的志气声威。然而这时朝廷妥协派的势力又重新抬头，利用胜利的大好时机，推动慈禧太后见好即收，赶速签订停战条约，以达到不赔款的目的，苟且偷安，谕令他立即收兵，退回国境线内。然而冯子材毕竟是清朝高官，君命不可违，当他接到退兵的命令以后，扼腕叹息，仰天长叹，虽然心有不甘，然而作为臣子，只得服从。

本小册子就是向广大读者扼要地介绍，冯子材怎样从一介贫民，逐步当上从一品的地方最高武官的；当中法战争，法军重创广西边防军，打破广西门户，毁坏镇南关时，须发皆白、年近七旬的冯子材，是如何应诏，奔赴抗法前线的；又是如何以他那坚强的决心和信心，一扫众将领的失败情绪，重新确立必胜的信心，并最后取得镇南关大捷的；最后又是如何乘胜追击，经文渊、谅山，一直将法军驱赶出屯梅、谷松，而又奉命撤回的。全书以抗法战争为重点，全面叙述了这位伟大爱国将领一生的奋斗足迹，力求给人以新的感受。

# 第一章 法国点燃侵华战火



中国有 960 多万平方公里的领土，19 世纪中期已号称有 4 亿人口。这是西方国家梦寐以求的商品市场和原料基地。当时英国的侵略分子就叫嚣说："只要中国人晚上睡觉时，每人戴一顶睡帽，当时世界最发达的纺织工业中心曼彻斯特，所有的纺织工厂日夜开工，都供应不上。"还有的说："中国 4 亿人口，妇女有 2 亿，如果每两百名妇女用一架钢琴，那钢琴厂商就供应不上。"由此，英国就在 1840 年发动了侵略中国的鸦片战争，强迫清政府签订了中国历史上第一个不平等条约《南京条约》。法国便紧跟在英国、美国后面，于 1844 年强迫清政府与之签订了中法《黄埔条约》，享有中英、中美条约中所规定的一切特权。1856 年，英法两国又组织英法联军，发动了侵略中国的第二次鸦片战争，强迫清政府与之签订了中英、中法《北京条约》和《天津条约》。19 世纪 80 年代初，法国又乘侵略越南的机会，进一步把侵略战火燃烧到中国，企图以越南为跳板，将其侵略势力渗透到中国西南地区。

法国侵略越南由来已久。早在 1862 年，法国就用武力侵占了越南西贡，强迫越南封建王朝与之签订了不平等的第一次《西贡条约》，又叫《柴棍条约》，把西贡地区割让给法国。从此法国就以西贡为侵略据点，不断向北扩张。1872 年、1873 年，法国又先后派遣侵略分子堵布益和安邺，相继侵占越南河内，并进而侵占海阳、宁平、南定等省，严重威胁到越南封建王朝的存亡与安危。越南国王遂邀请驻扎在中越边境的黑旗军首领刘永福，帮助其抵抗法国侵略。



### 小贴士

**刘永福黑旗军**：刘永福（1837—1917），原名建业，又名义，字渊亭，祖籍广西博白，生于钦州，长于上思，早年家贫，靠佣工度日，参加了吴凌云领导的广西天地会农民起义，活动于广西、云南边境地区，抗击清军。因他们以七星黑旗为军旗，故又称黑旗军。因遭受清政府严厉镇压，他们撤退到中越边境的越南一侧保胜（今越南老街）地区，开山辟林，且耕且战。

刘永福

刘永福得到越南国王的邀请，立即率领一千多名黑旗军战士开往前线，与越南北圻军务大统督黄佐炎联合起来，一起抵抗法军，在越南广大民众的配合下，大获全胜，一举收复了河内，击毙法国侵略军头目安邺，歼敌数百人，缴获大量枪支弹药。法国侵略者被迫退出红河，困守海防。越南国王即授予刘永福三宣副提督之职，令他管理宣光、兴化、山西三省，以拱卫河内。

此后，法国在普法战争中遭受惨败，接着又爆发了1871年的巴黎公社起义，使法国国力衰退，于是在随后的十年中，相对比较安静。但是到了1880年以后，一则法国国力有所强盛，同时代表大金融资本家利益，靠镇压巴黎公社起家的茹费理上台组阁，两次担任法国内阁总理，便祭起侵略的大旗，多次拨款发动大规模侵略越南和中国的战争。

黑旗军旗帜

1882年3月，法国西贡殖民当局派遣海军上校李维业率军北上，再次攻占河内，并进而攻占南定，然后沿红河北上，妄图攻占黑旗军的根据地保胜(今越南老街)，企图一举全歼黑旗军，为其侵占越南全境，并进而进军中国扫除障碍。为此，他还拿出十万元赏金作为悬赏，以鼓舞士气。茹费理又专门从国内派遣1800名军人，配以12艘铁甲军舰和运输船，作为李维业的后援。

面对法国大规模的侵略，越南国王心急如焚，再次请求刘永福发兵支援，同时请求清政府派兵支援。刘永福调动了3000名黑旗军开赴河内，与越南黄佐炎所部一起，于1883年5月19日在河内纸桥与法军一战，大获全胜，阵斩法国侵略头目李维业和韦鹭，极大地鼓舞了越南民众的斗志。为此越南国王封刘永福为一等义良男，这是越南封建时代很高的荣誉爵位，并授以三宣正提督，以资表彰。然后刘永福即率领2000余人驻扎在河内西北的怀德、丹凤一带。这时清朝援军在云南布政使唐炯和广西布政使徐延旭的率领下也已开抵越南，分别驻扎在山西黑旗军之后和北宁地区。

纸桥惨败的消息传到巴黎以后，法国侵略者恼羞成怒，决心大举进犯。茹费理下令兵分两路。一路由西贡法军司令波滑率领，兵出河内，进攻北宁和山西；一路由海军中将孤拔和交趾支那民政专员河罗杧率领，进攻越南封建王朝首都顺化。8月15日，波滑率领1800余法军，在9艘兵船配合下，进攻怀德的黑旗军，黑旗军迎头痛击，双方激战了14个小时，结果法军大败，退回河内。驻怀德的黑旗军亦因怀德的地势低下，易被水淹，移营丹凤，与原驻丹凤的黑旗军合并在一起。两路黑旗军合并刚完，9月1日，波滑就率领3000人的法军，分乘11艘兵船，直奔丹凤而来，黑旗军即迎头奋击。但是，法军依仗着人数众多，武器优良，十分嚣张；而黑旗军在越南广大爱国军民的积极支援下，亦个个精神抖擞，毫不畏缩，奋勇杀敌。双方激战了三昼夜，终于大败法军，击毙击伤法军两三百人，而黑旗军伤亡亦很沉重，损失千人，战斗力大大削弱。

然而当黑旗军在怀德和丹凤与法军浴血奋战之时，驻扎在黑旗军后面的清朝官军，非但不积极支援，反而作壁上观。黑旗军打了胜仗，他们却贪天之功，谎报战绩，把黑旗军的战功记到他们自己头上，说他们与法军作战，打了个大胜仗。腐朽的清政府竟然信以为真，不但对他们大加奖赏，还给他们加官晋爵，提升唐炯、徐延旭分别为云南、广西巡抚。

黑旗军虽然在北圻打败法军，然而当孤拔率领大军兵临顺化城下时，恰逢越南国王阮福时去世，使越南封建王朝出现了权力真空。在这大敌当前之时，越南封建统治者非但不能团结一致，共同对敌，反而互相倾轧，争权夺利，严重削弱了自身的抗敌力量，使孤拔轻而易举地攻入顺化城，强迫越南封建统治者与之签订了第一次《顺化条约》，割让平顺省。从此越南南部便完全沦为了法国的殖民地、保护国。

第一次《顺化条约》签订以后，孤拔又纠集 6000 余法军分乘 12 艘兵船 40 艘民船北上，进攻山西。驻守山西的黑旗军经过历次激烈战斗，军力已消耗很大，这时已不足 2000 人，但仍拼力抵抗，殊死战斗，双方激战了五昼夜，最后终因寡不敌众，武器装备简陋而失败。然而当黑旗军在前线与法军殊死战斗时，驻守在黑旗军后面的唐炯，非但不予有力的支援，与黑旗军并肩战斗，反而在战斗最激烈的时候，擅自撤军，去莅任他云南巡抚的职务去了，致使黑旗军陷于孤立无援的境地，而招致最后的失败。

法军进占山西以后，为进一步扩大侵略，1884 年 2 月，法国又派遣一个旅团，以米乐为司令，开抵越南进驻河内，孤拔改任远东舰队司令，开始策划对中国东南沿海地区的扩大侵略了。

1884 年 3 月 12 日，米乐指挥所部法军开始北上，向驻守在北宁地区的清朝徐延旭部队发起进攻。而徐部自 1883 年夏日进驻越南北宁以后，徐延旭就耐不得北宁地区的炎热，没过多久就回龙州避暑去了，所部由提督黄桂兰和道员赵沃统领。可黄、赵二人又互不统属，各自为政，互相矛盾，导致军纪散漫，缺乏训练，毫无斗志，与法军刚一接触，即纷纷溃败，使米乐轻而易举地侵占了北宁。19 日又进一步攻占了太原，战火一直烧到中国西南边陲。

清军在越南前线的连连失败，使清朝舆论大哗，朝野震惊，可又没有一人出来纵览大局，而是互相指责，相互倾轧。詹事府左庶子盛昱纠弹军机大臣李鸿藻荐举唐炯、徐延旭二人，所举非人，并连带到军机大臣恭亲王奕䜣和宝鋆等。慈禧太后便乘机改组军机处，把自己的政敌恭亲王奕䜣逐出军机处，新组建的军机处，控制在她的妹夫醇亲王奕譞手里，又把一些清流派重要人物如陈宝琛、吴大澂和张佩纶纷纷派到地方上担任军职。

慈禧太后

奕䜣

陈、吴二人分别为南、北洋会办大臣，张佩纶为福建船政局会办大臣。慈禧太后在人事上做了如此重大的调动，可对于抵抗法国侵略，依然不做任何准备，而是委曲求全，苟且偷安，通过李鸿章与法国海军中校福禄诺，在天津进行秘密谈判，并在5月11日签订了《中法简明条约》，承认法国占有全部越南，进驻越南北圻的清军全部撤回国内。中国不再过问法越之间的一切条约事务。法国不向清朝索取任何赔款，在法国与越南所定条约中，也不得有损清朝体面

奕譞



### 小贴士

**恭亲王奕䜣、醇亲王奕譞、慈禧太后：**恭亲王奕䜣和醇亲王奕譞是亲兄弟。奕䜣是老六，奕譞是老七，他们都是咸丰帝奕詝的弟弟，道光帝的儿子。慈禧太后是咸丰帝的妃子。咸丰帝死后，她的儿子同治帝即位，她就被封为皇太后。

李鸿章

的字句。法国商品可以通过越南任便输入中国云南、广西,并进而输入中国内地。实际上《中法简明条约》已经满足了法国侵略越南和中国的目的要求,而且也麻痹了地方军政官员,使他们放松了警惕。

根据《中法简明条约》的规定,法国于 1884 年 6 月 6 日,强迫越南与之签订了第二次《顺化条约》,正式确立了对越南的殖民统治。然后法军即向北圻开进,去接管清军的驻守防地。23 日,700 余法军进抵北黎谅江,前面就是清军驻地。清军即派出代表前往接洽,制止法军前进,说明尚未接到上级的撤退命令,请暂缓进军接防。在正常的情况下,法军应该暂缓前进接防,等待双方的外交洽谈。可法军领队蛮横无理,竟然要清军一小时之内交出防地,否则法军将继续前进,并且不管中国愿意与否,法军一定要在三日之内进占谅山,结果发生了“北黎冲突”。

“北黎冲突”以后,法国侵略者大势叫嚣,说什么中国人破坏协定，法国官兵在谅山被4000多人的中国军队打伤，认为这是对法国莫大的侮辱，要求清政府立即撤走驻北圻清军，并且赔偿2.5亿法郎。虽然清政府已派出两江总督曾国荃，与法国驻华公使巴德诺在上海进行谈判，提出双方可以协商。可巴德诺一意拒绝，不依不饶，并声称最后期限已过，法国有采取一切行动的权利。实际上法国是以此为借口，蓄意挑起侵略战争，扩大对华侵略。

随后，以孤拔为司令的法国远东舰队，便兵分两路，驶向中国东南沿海。一路由孤拔亲自率领，驶往福建沿

### 小贴士

**北黎冲突**：当时法军领队说完就举枪行凶，当场打死前往接洽的清军代表，炮击清军阵地。这使清军忍无可忍，被迫还击，两天之内连连获胜，击毙击伤法军官兵约百人。法军丢下行李武器和全部给养后，狼狈逃回驻地。这就是历史上著名的“北黎冲突”。

海，其目的是要摧毁中国的福建海军。虽然福建海军当时才筹建不久，力量很小，远远比不上李鸿章控制下的北洋海军，甚至也不如南洋海军；但是福建海军有福州船政局的马尾船厂作支撑。

### 小贴士

**马尾船厂**：当年中国最大的一家轮船修造厂，1866 年由时任闽浙总督的左宗棠创办。1869 年建造了第一艘轮船“万年青”号，到这时已先后建造了二十余艘军舰轮船。马尾船厂是由法国工程技术人员建造起来的，法国海军对其风格特点了如指掌，容易打击。

另一支则由海军少将利士比率领，进犯台湾基隆，因为基隆拥有当年中国东南沿海最大的煤矿——基隆煤矿。占有了基隆煤矿，法国海军所需要的燃料就不成问题了。有了充分的能源供应，法国海军就可以横行于西太平洋和中国东南沿海。

7 月 15 日，孤拔所率领的一支拥有 8 艘军舰，总吨位

14000 多吨的舰队，来到闽江口，打着“考察”的名义，向福建船政大臣何如璋、会办大臣张佩纶提出，进入马尾军港停泊。马尾军港是福建海军的专用军港，当时就停泊着福建海军的十余艘军舰，总吨位 6500 多吨，两岸还建有许多炮台，一旦让法舰进驻，则福建海军的军力和两岸炮台的防御工事，就全部暴露在法军面前，此乃兵家之大忌，一旦法军背信弃义，福建海军就有毁于一旦的危险。后来的历史事实也正是如此。然而腐败无能的何如璋和张佩纶，居然全部答应了孤拔的要求，并举行了隆重的欢迎仪式。特别是在 8 月 4 日，由利士比率领的另一支由三艘军舰组成的舰队，进犯台湾基隆，炸毁了基隆炮台，并一度登陆，只是由于中国守军的迎头痛击，坚决抵抗后，才不得不退出基隆，回到舰上。这依然没有引起闽浙总督何璟与何如璋、张佩纶的警觉，一切都寄希望于朝廷与法国的谈判。

当清朝一心只希望谈判的时候，法国却一步步进行着战争准备。8 月 16 日，法国议会再次通过了拨款 3000 万法郎，扩大对中国侵略的议案。22 日，孤拔便接到向福建海军发动攻击的命令。次日上午，孤拔即向何如璋、张佩纶发出了最后通牒，限福建海军在当日下午撤出马尾军港，否则即开炮轰击。可何如璋与张佩纶依然迷信李鸿章的谈判，不做任何战争准备，甚至还对广大官兵封锁消息，直到法舰已经生火，这才慌张起来。更可笑的是，张佩纶竟将两国交战之事视同小儿游戏，竟以准备不足为由，请求法军推迟一日开战，遭到了孤拔的断然拒绝，反而促使孤拔提前开炮，致使福建海军广大官兵措手不及，仓促应战。但福建海军的广大爱国官兵，依然沉着应战，奋勇还击。旗舰“扬武”号瞄准孤拔所在的敌旗舰“伏尔他”连发数炮，连连击中。“福星”号小炮艇，在受到法军三艘大舰一起围攻，机器已经严重损坏，一些士兵已经阵亡的形势下，管驾依然奋不顾身，对准敌旗舰“伏尔他”号连连发炮，一一命中，致使“伏尔他”号严重受损。法国另两艘军舰也都不同程度地受损。然而福建海军毕竟是仓促应战，而法军却早有预谋，自 7 月 15 日进港以后，即已对福建海军各舰予以严密监视，做好攻击准备。因此，尽管福建海军的广大爱国官兵英勇迎战了，但由于仓促应战，再加上战斗力本来就小，总吨位不到法军的一半，因此，在法军的强大攻势下，不到半小时，即全部沉没，伤亡 700 余名官兵。这些都是妥协误国所造成的严重后果。

摧毁福建海军以后，法舰继续上驶至福州船政局附近，用重炮对船政局进行连续轰击，将工厂厂房、库房和一艘已经造好正等待下水的巡洋舰，全部炸毁；然后又从上游对闽江两岸炮台进行轰击，将两岸炮台全部炸毁。

与福建海军广大爱国官兵英勇顽强的战斗精神形成鲜明对照的是，福建的地方军政大员们，一个个都显得狼狈不堪。闽浙总督何璟在延迟开战的要求被拒后，吓得整天躲在督署内念经拜佛，请求菩萨保佑他，帮助他退敌。这简直又一个第二次鸦片战争中的两广总督叶铭琛，气得广大群众大骂他是汉奸。成千上万的群众拥到总督衙门前，呼喊着要撤掉他的辕门，擒拿到此与他会谈的英国驻福州领事。福建巡抚张兆栋担心福州长期被围，



### 小贴士

**叶名琛(1807—1859)**：湖北汉阳人，道光进士，曾任广东巡抚、两广总督，残酷镇压过天地会起义。第二次鸦片战争中，当英法联军向他提出最后通牒时，他昏聩无能，不做任何战守准备，结果英法联军攻陷广州，将他俘虏，囚于印度加尔各答，他还恬不知耻地自称是“海上苏武”，后死于囚所。

城中缺粮，令侍从抢购了大量米面柴油和咸鱼，存储官邸。当战争爆发后，他又匆忙收拾好自己的金银财宝，悄悄地溜走了。船政大臣何如璋在海战爆发后，吓得借口押银出城，逃出福州，躲进城郊一个乡村祠堂里。当地愤怒的群众一气之下，放火烧掉祠堂，差点把他烧死。会办大臣张佩纶当年在翰林院弹劾工部尚书贺寿慈、户部尚书董恂、礼部尚书万青藜时，是何等慷慨激昂，并且十余次上书，慷慨陈词，主张坚决抵抗法国侵略，其神情是何等豪壮！可当他真正面临法国的枪炮声时，竟吓得昏厥倒地，由随从将他扶起，夹着逃出城外鼓山脚下。乡村民众拒不接纳他，他还摆出一副臭架子说："我是福建船政会办大臣也。"可当地民众依然不理他，拒不接纳；无奈，他又逃到彭田乡。这时何如璋因原先躲藏的祠堂被烧，也逃到彭田乡，依张佩纶。张佩纶怕他把法国人引来，竟拒绝他，不让他在彭田乡躲藏，而且还厚颜无耻地谎报战绩，说打了个大胜仗。朝廷信以为真，还下旨予以犒赏呢！当时舆论就说：马尾海战的失败，张佩纶是最大的罪魁祸首。

马尾海战以后，朝野震动，纷纷要求团结一致，共同抗法。这也使清朝统治者退无可退，被迫应战，于 8 月 26 日正式向法国宣战，命令沿海各海口如遇有法军入侵，即督率所在的海陆防军合力抵抗，将来犯之敌悉数歼灭。各陆路军事据点，凡可以出击之处，即迅速进军，并公开支持黑旗军，任命黑旗军首领刘永福为提督，将黑旗军悉数招抚为官军，令其进军越南宣光，攻击法军；并命令云南巡抚岑毓英和广西巡抚潘鼎新立即收复北圻。中法正式开战。

中法开战以后，战事在海、陆两条战线上同时展开。海上，孤拔于 9 月中旬再次进犯台湾，侵占了基隆。台湾防务大臣刘铭传退守淡水，严密布防。孤拔于 10 月 1 日追至淡水，先后两次轰击淡水炮台，强行登陆，妄图攻占炮台，均被刘铭传击退，并阵斩法军 17 人，击伤四五十

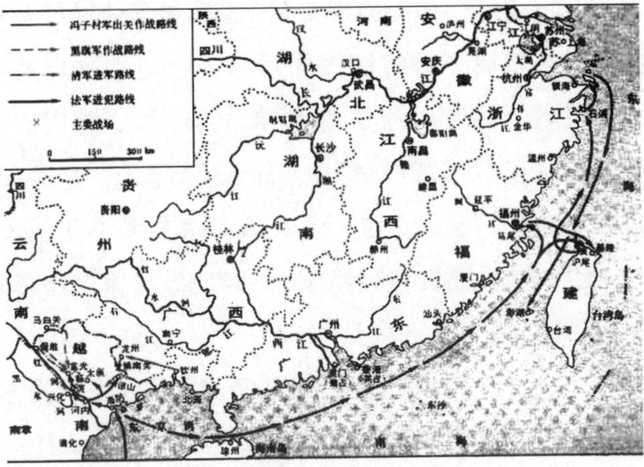


中法战争地图

人。在撤退上船时，为逃命而互相拥挤，跌落海中淹死的亦有七八十人之多。孤拔感到攻占台湾的把握不大，就改取封锁政策，封锁台湾，企图将台湾广大军民困死。但是台湾海峡十分宽广，仅凭孤拔几艘军舰根本封锁不住台湾。大陆广大民众通过各种途径，将台湾所急需的兵力、枪支弹药等各种物资，仍源源不断地运往台湾，有力地支援了台湾爱国军民的抗法斗争。

孤拔见封锁不住台湾，便留下几艘军舰驻守澎湖，自己亲率几艘军舰北上，窜犯浙江镇海，企图闯入甬江杭、嘉地区。而浙江提督欧阳利见鉴于马尾海战的失败，早就在沿海做了严密的布防，在各显要地区建造炮台，埋设地雷，派重兵驻守，撤除沿海灯塔、浮标和其他标杆，以迷惑敌人。各市镇乡村组织民团，同仇敌忾，严阵以待，并将法国传教士和教民迁往内地，派兵看守，以防内应，使孤拔无懈可击。孤拔在镇海口外连续炮轰三天，欧阳利见也督率各炮台猛烈还击，结果孤拔除击沉了几艘民船外，一无所获，反而自身被欧阳利见击中，身负重伤，悻悻地退回澎湖，不久即不治身亡。

陆上，在西南边境上，法国不断增兵，向镇南关方向进击。当时驻守谅山地区的是清军淮系将领，新任广西巡抚潘鼎新，他奉行李鸿章消极抵抗的意旨，不敢全力抵敌，结果连连失败，节节败退。法军很快就攻占了观音桥、谷松、车里、谅山等地，紧跟在潘鼎新后面，一直追到镇南关。在镇南关，提督杨玉科力战牺牲。法军占领了镇南关，因兵力不足，不敢孤军深入，又主动退出关外，等待援军，并在关前竖一木桩，上用汉字写道："广西的门户已不复存在了。"晚上当地民众将此木桩拔掉，在原地另竖一木桩，上用同样大小的汉字写道："我们将用法国人的头颅重建广西的门户。"

在这十分危急关头，新任两广总督张之洞提议起用将近七十岁的老将冯子材，说："前任广西提督冯子材，现在钦州、廉州老家一带，办理团练事务。冯子材久经沙场，熟悉军务，能征善战，在两广为官多年，又数次赴越南参战，镇压农民起义，熟悉地理环境，威望素著。现在解甲回家未久，旧部还很多，让他招募十营兵丁，出关抵抗法国侵略，这是最合适不过的人选了。"此提议得到朝廷的批准后，冯子材就奉命领兵出征了。

# 第二章　百战老将　临危受命

冯子材

冯子材（1818—1903），祖籍广东南海（今属广州市），从他祖父时即迁居钦州直隶州（今属广西壮族自治区），字南干，号翠亭，出身贫寒，父母早亡，与祖母兄长相依为命，流落江湖，靠做小买卖、木工为生，也曾跑过马帮。因贫穷经常受人欺负，因而学得了一身好武艺，身手敏捷。1848年外出经商时，在灵山被天地会起义领袖刘八所部劫持到博白，后逃脱投博白县知县游长龄，称为“归善勇”，并帮助游长龄镇压了刘八领导的天地会起义。

但是他镇压刘八起义的功劳且被博白县团总黄汝偕

冯子材故居

冒领受赏，这使他十分不满，乃改投廉州知府，奉调高州，前往镇压凌十八起义。事后地方政府将他在镇压凌十八起义中的英勇事迹上奏咸丰皇帝，咸丰帝对他十分赞赏，给他赐号“瑟尔固楞巴图鲁”勇士称号，授以千总武职，委为高州镇标外委。以后他北上投正在桂林镇压太平天国起义的广西提督向荣。向荣原籍四川大宁，曾任四川提督，因而其部将亦多四川籍，唯有张国梁系粤籍，向荣即将冯子材安排到张国梁部下。从此以后，冯子材即随向荣、张国梁，由广西桂林、全州，湖南道县、长沙、益阳、湘阴、岳阳，湖北武昌，尾随太平军，一直追击到江南江宁府（今南京市）。

### 小贴士

**冯子材参加天地会起义的又一说法**：冯子材自己在博白率领贫苦农民举行起义，因鸦片战争以后，在中外反动势力联合压榨下，社会危机日益加深，两广地区尤其严重，遍地爆发农民起义，他遂率众举义，由于势单力薄而投天地会起义领袖刘八，受到刘八所部的排挤打击，乃归顺博白县令。

1853年3月19日，太平军攻陷江宁，将其改名为“天京”，即定都天京，国号“太平天国”。向荣所部即驻扎在天京东郊的沧波门至高桥间，对天京取包围之势，谓之“江南大营”。冯子材自然亦驻扎其间，并且自桂林一直追击到此，亦因功由千总而守备，升任都司，成为一名中级武官，先后赏戴蓝翎、花翎。在江南大营，他先后随张国梁参与了攻打雨花台、秣陵关、七桥瓮、太平府等众多战役，数年之中不下数十战。

因冯子材有一身好武功，骁勇无比，每战必身先士卒，冲锋陷阵，奋勇杀敌。张国梁对他十分赞赏，曾拍着他的肩背说："你真勇敢，我远远不如你，很惭愧！"张国梁本身就是一员勇将，骁勇异常。1851年在广西南宁、太平地区镇压农民起义时，一次被上万起义军包围，他左冲右突，最后竟单枪匹马冲出了敌营，得到了钦差大臣赛尚阿的高度赞赏，给他记大功一次，颁奖金千两，以嘉奖他的勇气。1853年春夏间，他攻打天京时，炮伤左手中指，依然旁若无事，继续指挥作战。随后在攻打雨花台时，太平军构筑了深沟宽壕的强固工事，沟底插了密密的竹签，他毫无惧色，依然扬鞭跃马而过。为此，钦差大臣向荣亦为他请功升职，说："张国梁自去年秋季以来，大小已数十战，前曾被大炮击伤手指，得到了皇上的垂询宽慰。遇到敌军宽深的壕沟工事，他都毫无惧色，一往无前，实在不可多得。"如此一位骁勇无比的勇将还自称不如他，可见冯子材的勇猛。

1856年太平军第一次摧毁江南大营后，向荣退至丹阳自缢身亡，所部即由张国梁统带，归新任钦差大臣和春节制。冯子材又随张国梁克复句容、镇江，并解金坛之围，也因功升任副将，成为一名从二品的高级将领。1857年底至次年初，冯子材与张玉良、周天培三人一起，带兵一万，从栖霞、石埠桥出发，与另两位清军将领傅振邦、虎坤元一起，两路夹击太平天国秣陵镇守军，进击雨花台。太平军拼命抵敌，双方激战至元月 5 日，不分胜负。以后他们在仙鹤门至姚坊门一带扎营，1 月 18 日又到钟山、龙脖子一带扎营。太平军则从北固山、洪山、太平门、神策门等五路发起进攻，冯子材等分头迎击，将太平军击败，进占龙脖子地区。同年秋，太平军根据第二次枞阳会议的决议，兵分两路夹击清军江北大营，打破江北大营对天京江北的封锁。



## 小贴士

**太平军枞阳会议**：太平军先后在 1856 年和 1858 年在安徽枞阳召开了两次军事会议。第一次因安徽桐城被清军包围，为解桐城之围，李秀成与陈玉成在此次会议上商讨了解围之策。第二次因清军重建江北、江南大营，包围天京，陈玉成、李秀成、李世贤等又在枞阳召开军事会议，商讨了解天京之围的具体策略。

9 月 17 日陈玉成率 20 万大军从安徽直趋乌衣、水口，与李秀成会合，直扑浦口、西葛、东葛清军大营，冯子材率3000人渡江往救，与马腾霄2000人会合，驻扎小店、陡冈一带增防，结果寡不敌众而失败，江北大营崩溃。

陈玉成

江北大营崩溃后，冯子材率部回到江南。这时，为加强江南大营，增强江南大营的后防力量，张玉良发动了攻打溧水战役，冯子材即率部前去支援。他们两人会商认为，红蓝埠与溧水县城为掎角之势，要攻取溧水，必须首先攻取红蓝埠，使其失去后方支援。于是他们决定由张玉良率部，兵分东、西两路夹击红蓝埠，冯子材则迂回到红蓝埠后面，从侧背袭取。结果冯子材迂回成功，从侧背发动突然袭击，太平军措手不及，逾墙而逃，冯子材遂进占红蓝埠，然后又会合张玉良等包围溧水县城。溧水太平军守将李世贤见大势已去，除留下少数人员守城外，他自己则率太平军主力转战至铜井。同样由张玉良从南面负责正面攻城，守城太平军出城迎战张玉良时，冯子材则迂回到背后，架起云梯，迅速登城。

当出城迎战的太平军反应过来时，冯子材已经占领了溧水县城。而后冯子材、戴文英等继续西进，先后攻取了博望、小丹阳、薛镇、铜井、慈湖，向西直到采石矶，整个天京西南外围太平军据点，全部肃清。冯子材也因此获赏“瑟尔固楞巴图鲁”称号，提升为总兵，正二品武官。

天京外围据点被肃清后，天京已被严密包围。李秀成为打破清江南大营的包围，决定采取“围魏救赵”之策。

李秀成

1860年初，他率领太平军主力从间道小路抄近，直捣清军后防基地杭州，进占杭城。清军见后方基地被袭，立即回救。当清军大部回救杭州之时，李秀成又主动放弃，撤出杭州，迅即回师天京。因为在1860年初李秀成离京之时，清军张国梁亦指挥冯子材、张玉良、黄靖、杨福增等兵分两路，继续扫清江北太平军据点。1月31日，冯子材从浦口沿江而下，击退太平军援军，连续摧毁太平军江堤8座营垒、10座卡栅，然后进击九洑洲，并于2月1日占领。

清军刚取得这一系列胜利，李秀成即自杭州从间道回师天京，乘清军江南大营空虚，与陈玉成、杨辅清、李世贤等，兵分五路围攻江南大营，第二次大破江南大营。清军守营将领张国梁、冯子材等且战且退，退守镇江、丹阳。张国梁令冯子材守镇江，自守丹阳，以阻击太平军东进，结果张国梁在丹阳与太平军作战，骑马渡河时落水身亡。随后和春也在苏州浒墅关自缢身亡，张国梁所部即归冯子材统带，总归曾国藩节制。

太平军东进，连续攻取丹阳、常州、无锡、苏州，占领了苏南广大地区，建立了苏福省。冯子材守卫的镇江，已成苏南的一座孤城。太平军为使苏南连成一片，对镇江连续发动了三次攻势。第一次是在1860年5月下旬。5

月 22 日，太平军兵分两路攻击镇江。一路由丹徒，从东南方向发动猛烈攻击；一路直扑西门外，抢占制高点，建立营盘。冯子材与镇江都统巴栋阿做了明确分工：巴栋阿率领所部，防御东南方面太平军攻城；另一方面，他自己则率部冲出西门，击垮西门外太平军的进攻，并咨请清长江水师开炮，轰击西门外太平军建造的营盘栅栏。25 日，太平军又组织众多兵力，从东、南、西三面围攻镇江。对此冯子材亦早有准备，他一面组织兵力分头迎击，同时咨请长江水师向太平军背后发炮，使其腹背受敌，迫使其撤退。

1860 年 8 月初，太平军向冯子材的镇江守军发动了第二次进攻，并且鉴于第一次进攻由于缺乏滩头阵地而遭到清军长江水师从侧背炮击，导致最后失败的教训，早在 7 月底，攻势未发动之前，即在镇江城西外围的桥头，建造炮台，并在周围建造卡栅以作屏障，向外延伸。冯子材发现了太平军的这一动向，立即分工由巴栋阿负责守城，以防丹徒方面的太平军从东南方向攻城，冯子材自己则率所部兵分三路，攻击太平军在桥头所建造的滩头阵地。一路由高资自东向西进击太平军在桥头的滩头阵地；一路为长江水师从长江登陆渡河，从北面进攻；另一路则由间道直插敌滩头阵地之南，切断滩头阵地与外围屏障之间的联系，阻击外围屏障对滩头阵地的支援，陷太平军滩头阵地于清军东、北、南三面包围之中。所以当8月3日战斗打响以后，太平军一开始就陷于孤立被动局面，经过激烈战斗反复冲突之后，太平军军力消耗大半，残余太平军冲出阵地，向西撤退至下蜀。冯子材一举端掉了太平军的滩头阵地。太平军失去了滩头阵地的支援，驻扎丹徒的太平军亦不敢贸然攻城，从而确保了镇江的安全。

太平军滩头阵地被端掉以后，9月上旬，又从丹阳、金坛、句容调来大批太平军部队，兵分三路会攻镇江，9月6日进抵盐街。这次冯子材采取了主动出击的策略，9月7日，他先派遣小股清军，出城骚扰盐街的太平军，以探太平军的虚实，发现太平军举止不定。次日他即率领清军主力，直出南门，向盐街太平军挑战，可太平军坚匿不出。丹徒太平军前来救援。冯子材即令长江水师发炮猛轰援军，丹徒太平军迅即缩回。盐街的太平军被迫后撤，分散驻扎各处。而后冯子材又率领部众连日出击，太平军由于分驻各地，力量分散，不敢应战，继续后撤。10日，冯子材选择上塘太平军主力为主要打击对象，自己从正面进攻，另分遣各部从后、左、右三面包抄。太平军不支，向丹阳、句容方向溃败，狂奔40里。其他太平军也纷纷撤至丹阳、句容。太平军第二次攻城亦告失败。

连续两次攻城失败以后，太平军主将李世贤即调集四万多大军，于10月中旬开始，对镇江发动一次最大规模的进攻，自辛丰、丹徒、京岘山、湾山，连营20余里。11日，太平军开始分三路围攻镇江。冯子材先用火炮压住太平军的攻势，然后率部出城，绕到太平军的后面，前后夹击。太平军被迫分头迎击，双方混战一场，虽然不分胜负，但分散了太平军的攻城军力，使攻城受挫。12日，太平军继续对镇江实施环攻。冯子材与巴栋阿分工，由巴栋阿率部死守西、南二门，冯子材则率所部守卫东、北、十三门和水栅门等处；同样先用火炮压住太平军的攻势，然后乘太平军疲惫之时，指挥各部出城，分左、中、右三路，对太平军进行反攻夹击，自己则居间策应。这一仗虽然没有完全击退太平军，但由此却扭转了战争的局势，使太平军一下子由攻势变成了守势，冯子材反而变成了主动方。14、15日两天，太平军连续增强攻势，不时向城上抛掷火器，射击守城清军。冯子材与巴栋阿依然按照原先的分工，各自把守规定的城门，冯子材另安排长江水师把守沿江各渡口，甘露寺、金山、西门各要隘也都派兵把守，认真布置，严阵以待。太平军连续围攻终日，始终无法突破，而冯子材则一有机会即打开城门，主动出击，骚扰太平军阵地。16日，洪秀全又从天京派来援兵，然而由于冯子材严密布防，无懈可击，最后只得悻悻地撤回至丹阳。自此以后，直到1864年太平天国灭亡，虽然亦有零星接仗，但太平军再也无力对镇江发起大规模的进攻了。

冯子材在兵力悬殊的艰难形势下，成功地守卫了镇江这座孤城达4年之久，在太平天国苏南这片广阔的大地上，打上了一个契机，为以后清军的战略反攻奠定了基础。冯子材在指挥战斗中成功地运用了严密布防、严阵以待；避实就虚、主动出击；围点打援、四面包抄等战术，并充分利用长江水师部队，表现了其卓越的军事指挥才能。冯子材也因此提升为地方最高一级的武官，从一品的提督。

1863年秋，李鸿章淮军在苏、浙战场上开始了战略反攻，连下太仓、苏州、无锡，1864年4月包围了常州。冯子材瞅准了这一机会，对太平军展开反攻，进攻丹阳。丹阳本属镇江府，他有攻取的义务，只因常州有太平军大部队驻守，而丹阳又毗邻常州，交通便利，如果贸然进攻，不仅常州太平军会往救，亦恐金坛等地的太平军乘机袭取镇江，反而使镇江不保。这时淮军包围了常州，非但常州太平军不可能来救，金坛、溧阳、句容等地亦早已被清军收复，丹阳已成为一座孤城。冯子材遂兵分三路进击丹阳，一路进驻丹阳西门外，一路进至城南，一路由炮船驶入丹阳城西的练湖，对丹阳取包围之势。但是，冯子材并没有立即攻城，而是采取他惯用的围城打援的战术，先清剿丹阳外围的太平军据点，先后进击收复了黄圩、禹王庙、西瓜山、黄墟等地。在行将覆灭的形势之下，十里牌、南乡、西门桥、姑村等地的太平军纷纷投降归顺。至5月初，当外围据点全部扫清以后，冯子材便开始从北、东、西三面攻城。开始时，太平军还依托城池坚固，兵力雄厚，负隅顽抗，有时还出城迎战，但是当被围了半个多月以后，开始军心动摇，不时出现反叛归顺人员。5月13日，常州已经攻陷，丹阳太平军已经孤立无援，冯子材开始兵分两路，分别从东北和西南，向太平军发起总攻，一举攻克了苏南重镇丹阳。太平天国然王陈时永战死，柬王赖桂芳、广王李恺顺、梁王凌国钧、邹王周林保、列王金友顺等被俘。朝廷也以冯子材守卫镇江，并克复丹阳有功，赏穿黄马褂和骑都尉世职。

1864年6月，太平天国灭亡，冯子材请假三个月，回钦州老家修葺祖宗陵墓，假满后，回任广西提督之任，抵任后，两广总督毛鸿宾又先后安排他督办广东东江军务和罗定、信宜一带的军务。在罗定、信宜地区，他镇压了加益排埠的农民起义，生擒农民起义军领袖王狂七、独角牛和李如娘，予以正法，受到朝廷嘉奖。

1867年广西爆发天地会首领吴亚忠领导的农民起义。广西军务是他的职责范围，便自告奋勇，领兵前往镇压，很快攻下了龙州，生擒起义军首领陈七，予以正法。吴亚忠率领余部退入越南境内，他率部追击，出镇南关，在越南北宁、河阳地区把吴亚忠起义军剿平。他刚要率部入关回国，吴亚忠的旧部黄崇英在越南又聚众三四万人举行起义，因黄崇英姓黄，黄色的军旗上写有斗大的一个"黄"字，所以叫作"黄旗军"。他又回师在河阳地区，将黄崇英击溃，剩下一些残余势力，就交给越南地方政府扫清，自己即率部回国，受到朝廷嘉奖，再赏一个云骑尉世职。

1878年9月，原冯子材旧部，广西浔州协副将，记名总兵李扬才，在官场受到排挤打击，心中不平，在广东灵山（今属广西壮族自治区）率众起义，然后退入越南境内积聚力量。越南政府请求清朝派兵，帮助镇压。冯子材再次受命率军出镇南关，会同越南政府军和刘永福所部黑旗军，一起将李扬才起义军镇压，并生擒了李扬才，予以正法，而后回国。随后越南因阶级矛盾激化，不断爆发农民起义，社会动荡，与中国来往的交通不畅，向清朝进贡的道路受阻，请求清朝帮助。清政府又命冯子材第三次出关，帮助越南平定内乱。不久越南政府提出，越南事务由越南政府自己处理，他遂奉召入关回国。1879 年正月，进京陛见光绪帝和慈安、慈禧两宫皇太后，受命与广西巡抚杨重雅会办边防事务，1881 年回广西提督本职。1882 年张树声和曾国荃相继任两广总督，徐延旭任广西巡抚。张树声是淮军系统，曾国荃是湘军系统，冯子材在 1860 年以后虽也归曾国藩统辖指挥，然非湘军嫡系。而且冯子材在守卫镇江时，对湘、淮军将领颇多指责，说他们作战不力，可到处设立关卡收税敛财，说“设关收税是各级政府的职责，我们军人岂可越俎代庖！我们军人有军饷供给，岂可收税敛财！这还打什么仗？”因而使许多湘、淮系将领脸上没有光彩，对他

光绪帝

恨之入骨，自然要对他排挤打击，而徐延旭亦因受到过冯子材的弹劾，也伺机报复。冯子材因而称病，请求开缺，并获准回家养病。

# 第三章　排除障碍　拜为主将

张之洞

冯子材是一位伟大的爱国主义者，此前当他得知清军在越南山西、谅山失败的消息以后，就曾主动请缨，表示愿意率领大军，前往越南战场，抵抗法国侵略，由于没有接到朝廷谕旨而作罢。这次张之洞传达了朝廷谕旨，令他统领 18 营大军，前往广西前线抵御法军侵略。他听了十分振奋，为国出力，报效祖国，正是男儿应尽的天责。不过也有人为他捏一把冷汗。这时他已经 68 岁了，偌大一把年纪，已经须发皆白，还能冲锋陷阵，举刀杀敌吗？自然，在前线打仗，子弹是不长眼睛的，中弹阵亡在所难免。为了表达他不惜牺牲自己生命，坚决抗敌，捍卫国家领土主权的决心，同时也为了防备万一真的在前线阵亡，以便有人能料理自己的后事，他把两个儿子冯相荣、冯相华，也一起带往前线，出征疆场。

但是18营大军近万人的队伍，集中开拔需要时日，前线战事十分紧急，不能久待。而且18营军队，尚有10营正在招募之中，自己的萃军只有8营，分散在钦、廉二州。自己手边只有中军二营，他决定先带二营中军出发。于是1885年的一二月间，冯子材带着二营中军前往龙州。可他刚刚带着前锋第一营抵达龙州，与王孝祺会合时，潘鼎新已在谷松吃了败仗，正在向关内撤退，听说冯子材率部抵达龙州，即请冯子材率部往救。可这时萃军只有中军第一营抵达龙州，冯子材心想，这区区一营数百人怎么往救？即致函潘鼎新，说明这时只有一营先头部队抵达，无法往救，待后续部队一到，立即往救。可本来就对他有门户之见的潘鼎新，这下对他更是生气。当冯子材第二营抵达以后，他即留下一营镇守龙州，带领另一营与王孝祺立即赶到关外，支援潘鼎新。待他们火速赶到关外时，只见潘鼎新溃军漫山遍野地向关内奔跑撤退。他与王孝祺一起大声疾呼，拦截溃勇，要大家立定，重新整顿队伍，进行还击。然而兵败如山倒，怎么也拦截不住，差点把他们冲倒在地。他急忙赶上前去，会晤潘鼎新。然而当他见到潘鼎新时，潘鼎新劈头第一句话就是说："这里守关用不着你，你还是带着你的部队，回钦、廉二州去守你的东路老家去吧。"冯子材无奈，只得带着他的部队开到关外东部要地驻扎。

然而，冯子材驻扎到关外没几天，就听说法军跟踪而至，2 月 23 日占据了镇南关。他立即率领萃军前往支援。当他赶到镇南关时，法军已于 25 日毁坏了镇南关城楼，然后主动撤退。冯子材就将部队开进关内要隘驻扎。这时只见关内一片狼藉，广大群众惊恐万状，携儿带女纷纷

镇南关(今友谊关)

逃难，有的搀扶着老人，有的怀抱着幼儿。许多老人小孩哭喊不止。当他们来到关内以后，广大群众见到冯子材的部队，十分欣喜，一个个都欢呼雀跃。因为冯子材在两广地区为官已二十年，在两广平定内乱，三次出关平叛，足迹遍布两广地区，军纪严明，秋毫无犯，德泽两广，声誉卓著。广大群众见冯子材他们驻扎下来，心想这下有依靠了，情绪开始安定下来。

群众情绪刚安定下来，潘鼎新的情绪也安定下来了。他见冯子材的部队开进关内，驻扎不走，心中十分不快，曾电请张之洞，请求将冯子材调回，不愿将他留驻广西，认为广西用不着他。恰好这时法军封锁北部湾，以防广东海军攻击越南后方。西方通讯社纷纷报道说，法军将要进攻广东钦、廉二州了。可自冯子材的八营萃军调走以后，钦、廉的防务已十分空虚，若法军真的进攻钦、廉二州，钦、廉现有的防务力量将不堪一击。若钦、廉一旦有失，不但广西失去了后方依托，而且将威胁到广州一线城市。于是，时任两广总督的张之洞多次电请总理衙门、兵部尚书刘玉麟，广西巡抚潘鼎新以及冯子材本人，请求将冯子材调回钦、廉，或冯子材率十营回防钦、廉，仍留八营驻防广西。

潘鼎新本来就对冯子材恨之痒痒，听说钦、廉防务吃紧,巴不得他早日离开,便乘机连连致电张之洞,请求将冯子材调回。可潘鼎新治军不严,克扣军饷,士兵衣衫褴褛,食不果腹,因而军纪很差;对各将领也不能团结一心,狐疑猜忌,只听信苏元春一人之言,根本压不住各军将领,一旦冯子材调离镇南关,镇南关的防务将不堪设想。为此,王孝祺立即致电张之洞,向他陈明镇南关这里的真实情况:“听说冯军门即将调回钦、廉,广西广大军民都十分惊恐。龙州地方散兵游勇很多,因有冯军两营驻守,这些散兵游勇才有所收敛,一旦冯军调走,这些散兵游勇势将再度滋扰,广大民众何以安生?巡抚潘鼎新虽也有两营士兵驻扎在龙州,但空额很多,两营总共才有两三百人,还不足一营人员;虽号称正规军,但实际与散兵游勇无异。如此,后方的根本恐怕不保,且广西按察使李秉衡

### 小贴士

**军门**:清代对提督或加提督衔的总兵的尊称。

也有同感。”张之洞接到这一电报以后，犹豫不决，一则钦、廉防务的确吃紧，但又怕法军是声东击西，把冯子材撤回，若法军大举进攻镇南关，潘鼎新顶不住怎么办？可潘鼎新又屡屡电请，将他调回。张之洞也没主意了，就致电冯子材，由他自己决定，是留驻防守广西镇南关，还是回防钦、廉。最后与冯子材商定的结果是：冯子材仍然率军驻扎镇南关，但对外宣称已率领十营萃军回钦、廉主持军务了，仅留八营驻扎镇南关。而钦、廉的一切军务，则由钦、廉各将领禀明冯子材裁定，以资震慑法军。



## 小贴士

**潘鼎新**（？—**1888**）：字琴轩，安徽庐江（今合肥市）人，举人出身。太平天国时期在家乡办团练，招募乡勇建立淮军“鼎”字营。1862年随李鸿章东渡上海，镇压太平天国农民运动。太平天国失败后，又赴山东参与镇压捻军起义，然后就任山东布政使。1883年署理湖南巡抚。1884年，原广西巡抚徐延旭兵败谅山，被撤职查办，朝廷才调潘鼎新接任广西巡抚，担任东线战场统帅。

不仅潘鼎新千方百计地排斥冯子材，而且广西军务，苏元春是会办，排位在前，冯子材只是帮办，排位在后。当然位置在前在后无须计较，可苏元春是个年轻气盛之人，这怎么帮办呢？加上钦、廉需要他回去，面对这些，冯子材心里也动摇了。不过他认为，法军决不会放弃从广西进入西南的线路，进攻钦、廉只是制造假象而已，镇南关这条通道，历来就是越南与中国贡舶贸易最好的通道，也是从越南进入云、贵地区最便利的捷径。法国人所贪的是云、贵地区的铜、锡等五金矿产，他们决不会放弃通过镇南关这条最便利的捷径，而绕道到钦、廉去转一个大弯。他也明明知道，从军事实力上讲，单凭苏元春的这些人马及其素质而言，绝对守不住镇南关这扇大门。从实际情况而言，他不能离开广西，广西也离不开他。

但是，他又感到他在广西十分困难。首先，他看得出来，作为主帅的潘鼎新本身就没有坚决抵抗的坚强决心。他是淮军干将李鸿章部下，一贯奉行李鸿章妥协外交路线。所以他上任伊始，即行动乖戾。本来朝廷任命他接任广西巡抚后，首先要对徐延旭部下提督黄桂兰和道员赵沃统兵无方、互相矛盾、军纪散漫、作战不力导致失败的罪行进行严肃查处。然而他对黄桂兰和赵沃有意袒护，拟罪时故意放纵；同时在接受命令担任东线战场统帅时，有意撂挑子，请求将东、西线各军统归云贵总督岑毓英指挥，自己为副。当时越南战场分东、西两条战线。滇越边境地区为西线，由云贵总督岑毓英负责指挥，统军驻扎越南保胜、宣光一带。东线则在越桂边疆地区，由广西巡抚负责指挥。中间相距千余公里，都是崇山峻岭，交通隔绝，一个人断难兼顾，因而未获允准。他还私下对部下说："这仗不管怎么打，最终还是要谈判议和的。现在不必拼死去打，主要还是以节约饷银为主。"意思是说以后谈判议和，签订条约，说不定要赔款，多节约些饷银以备将来赔款之需。在他的蛊惑唆使之下，有些将领本已心灰意冷，再加上扣克军饷，部队给养很差，导致怨言四起，军无斗志，开始时在船头、纸作社还打了两个小胜仗，但当法军调集兵力，大举反攻时，连连失败。法军这才跟踪追击，攻陷镇南关，提督杨玉科力战牺牲，此外阵亡的还有提督刘恩河、都司刘映丰等十几员将士。他自己在逃跑过程中，也坠下马来，跌伤肘臂，死伤惨重。与如此一位主帅共事，怎能有效抗击法国的侵略呢？

而且，这些军队退至关内以后，一个个萎靡不振，垂头丧气，笼罩在一片失败的阴云之中，士气十分低落。在如此沉闷的气氛之下，何以打仗？

再次，这时聚集在广西前线的清军总计八九十营，四

苏元春

五万人，人数可谓不少，阵容不可谓不大，然而统系林立，除了潘鼎新的鼎军和冯子材萃军以外，还有苏元春的毅新军、王德榜的定边军、王孝祺的勤军、陈嘉的镇南军、蒋宗汉的广武军等等。

首先是苏元春的毅新军。苏元春（1845—1908），字子熙，广西永安（今蒙山）人。清咸丰年间，其父以地方乡绅襄办团练，参与镇压农民起义，后被农民起义军惩办处治。为报农民军的杀父之仇，十几岁的他，便以武童生身份投入湘军席宝田部，参与镇压太平天国。

太平天国覆亡后，他便随席宝田部开往贵州，镇压贵州张秀眉领导的苗民起义。当时他 20 出头，年轻气盛，作战勇猛，连克清江、镇远、胜秉、台拱、铜仁等地，于 1871 年生擒苗族起义军领袖张秀眉、杨大六等人，积功升至总兵，总办贵州全军营务处，所部驻扎在湘黔两省边境地方。潘鼎新调任广西巡抚，负责指挥越南东线战场时，因苏元春为广西人，且 20 多岁即已升任总兵，如此年轻勇猛之士，正可委以重任，且利于指挥，便奏请朝廷并得到允准，将苏元春调署广西提督，率所部毅新军进抵广西，中途镇压了思恩莫梦弼领导的农民起义以后，进驻越南北圻坚牢、谷松等地，并会办广西军务。

### 小贴士

**武童生**：古代科举考试分文、武两科。一般所说的秀才、举人、进士、状元，都是指文科。武科在这些秀才、举人、进士和状元前面都要加一个“武”字。凡是没有取得最初一级“秀才”功名的应试者，无论年龄大小，都称童生，参加武科的，称武童生。

其次是王德榜的定边军。王德榜(1837—1893)，字朗青，湖南江华人，湘军名将。1852年太平军从广西全县北上，经江华、道县向长沙进军时，王德榜即与其兄在江华老家组织乡勇抵敌太平军。其兄战死后，他即投湘军统领左宗棠，随左宗棠在江西、安徽、浙江等地镇压太平军。太平天国覆亡后，他率部继续南下福建、赣南、广东，镇压太平天国余部李世贤、汪海洋部，俘获汪海洋，并将其诛戮；以后又随左宗棠开赴西北，镇压回民起义。中法战争爆发后，署理广西提督，于是率部南下龙州，招募新军，扩编至八营，号定边军，开抵谅山。他并向徐延旭提出了抵抗法国侵略的方略：令提督张春发驻扎潮阳山、半陇山一带，何秀清驻驱驴墟，以确保粮饷运输通道，自己则领兵扼守镇南关。未几徐延旭因北宁兵败，被撤职查办，由潘鼎新接任广西巡抚。随后法军大举进攻丰谷，他率部拼死抵敌，因寡不敌众而失败，退驻油隘。

第三，王孝祺的勤军。王孝祺（? —1899），原名得胜，安徽庐江（今合肥市）人，早年在家乡襄办团练，镇压农民起义。1861 年投入李鸿章淮军，东渡上海，镇压太平天国，连克奉贤、嘉定、常熟、江阴，积功升至副将。后又随张树声攻取宜兴、溧阳、嘉兴、常州等军事要地，再升任总兵，赐号“壮勇巴图鲁”。后随张树声之弟张树珊转攻湖北德安，因主将张树珊在作战中阵亡，连带降职为参将。又随李鸿章镇压捻军起义，屡建战功，官复原职，还晋升为记名提督。1880 年，张树声调任两广总督时，奏请将王孝祺随带入粤。王孝祺遂率部南下，相继任碣石、潮州镇总兵，次年调任右江镇总兵，主持钦、廉二州防务。广西边防吃紧时，奉调广西支援抗法。可待王孝祺率部赶到广西龙州时，潘鼎新已败退入关，遂率部与冯子材相会。

第四，陈嘉的镇南军和蒋宗汉的广武军。陈嘉（？—1885），字庆全，广西荔浦人，原是苏元春的部下。早年随苏元春赴贵州镇压张秀眉领导的苗民起义，积功升至总兵，后又随苏元春镇守湖南宝庆。潘鼎新调任广西巡抚时，随苏元春一起开赴广西，出关驻守谷松。蒋宗汉（？—1903），云南鹤丽人。早年投杨玉科部参与镇压云南杜文秀领导的回民起义，每战都奋勇当先，身先士卒，跃马执矛，无敌敢挡。岑毓英曾感叹地称赞他道："真虎将也！"他不但作战勇猛，而且善于智取，以计胜敌，因而屡立战功，累升至副将、总兵、记名提督，曾署理腾越镇总兵。他在马嘉理案件中受到牵连，被责以"疏于防范"，受降职处分，后又以战功而恢复原职。潘鼎新接任广西巡抚时，随杨玉科一同调往广西，出关驻守谷松。广武军原是杨玉科旧部，杨玉科在镇南关阵亡后，作为杨玉科副手的他便接统广武军。

统系林立必然形成众多利益集团，各图私利，各将领为了各自私利，往往互相有矛盾，相互猜忌，互相倾轧。

而且统系林立，各树山头，不易指挥，步调不一。一旦指挥失灵，就容易给敌人以可乘之机，找到突破口，一不小心就会造成全军溃败，更不用说组织松懈，军纪散漫，难以统一指挥了。这样必败无疑，这次潘鼎新失败就是明证。

在潘鼎新就任广西巡抚前，广西已有提督王德榜，并且已参与帮办军务了，潘鼎新莅职之时，朝廷也没有宣布将他撤职，可潘鼎新秉持过去湘、淮军界限的陈腐观念，不用王德榜，另从外面又引来一位苏元春署理广西提督，帮办军务。这不仅引起王德榜对潘鼎新的极度不满，也造成了王德榜与苏元春之间的矛盾。当王德榜驻守丰谷时，法军大举攻击丰谷，王德榜孤军难挡。当时苏元春驻扎谷松，近在咫尺，就请求苏元春前往支援，可苏元春就是不去救援。作为主帅的潘鼎新明知这样不对，也不予以批评和纠正，而是听之任之，结果导致王德榜寡不敌众，败下阵来。随后法军又大举围攻谷松苏元春部，潘鼎新和苏元春请求王德榜往救，王德榜也以军情多变为由，木然视之，结果双双失败。当然，如果统帅以身作则，大公无私，不负众望，关爱士卒，对各将领一视同仁，军纪严密，就不会发生上述情况。虽然统系林立，各将领也会团结一心，共同对敌的。可潘鼎新恰恰就不是这样的统帅！

直到这时，他还千方百计地排斥冯子材，致电张之洞，说他已将苏元春从艽葑调回幕府，防守镇南关，可令冯子材即刻回防钦、廉了。

面对潘鼎新如此排斥自己，其部下士气又如此低迷，统系混乱，加上苏元春年轻气盛，各将领之间相互猜忌，互相有矛盾，冯子材的思想也开始动摇了，心想这仗没法打，还是回防钦、廉吧！但是他又一转念，这不行！守卫镇南关，反抗法国侵略军，这关系到国家民族的大局，遇到这么点困难就打退堂鼓，还能称得上大丈夫吗？为了国家民族的利益，最大的困难也要上；为了国家民族的利益，即使对潘鼎新、苏元春委曲求全，也无所谓。

后来，朝廷处分潘鼎新的指令也下达了。鉴于潘鼎新先前对黄桂兰、赵沃处分时偏袒故纵，再加上治军不严，兵败谷松，丢失镇南关，丧城失地，朝廷决定予以撤职处分，令其调遣各军，戴罪立功。广西巡抚一职由布政使李秉衡护理，军务由苏元春会办。冯子材心想：这下好了，潘鼎新被撤职查办，不再担任广西巡抚，就不是统帅，就无法排斥自己。他虽然还有“调遣各军”的权力，但他已是“戴罪”之身，必须“立功”后才能撤销处分。要立功就必须打胜仗，不打胜仗，就要罪加一等，这他是不会干的；而要打胜仗，就少不了我冯子材，起码他不能再排斥我冯子材了。只要能参加反抗法国侵略的战争，把法国侵略者赶出中国、越南，捍卫国家主权，就行，至于有没有名利，都无所谓。冯子材早在20年前就已经是广西提督，从一品的地方最高一级武官了，已经到顶，不能再升了，还要什么名利呢！于是他遂下定了留守在镇南关抗击法国侵略的决心。



## 小贴士

**李秉衡（1830—1900）**：字监堂，奉天海城（今辽宁海城）人。初为县丞，办事勤勉，升任知县、知州，在任直隶冀州知州时，有“直隶第一廉吏”称号。经张之洞推荐，历升浙江按察使、广西布政使。中法战争中负责后勤供给。他撙节浮费，保障供给，而且不分主、客军，一律公平对待，深受各军将领尊敬。升任护理广西巡抚后，前方将士欢呼雀跃。

李秉衡对这一形势也看得十分清楚，心想这时在广西前线能收拾这一残局，转败为胜的，唯有这冯老将军。一则他从军已四五十年，功勋卓著，资望最高，唯有他能服众，统御诸将；二则他已身经百战，作战经验丰富，能充分应对战场上所发生的各种变化；三是他大公无私，以身作则，对各军将领一视同仁，公平对待；四是他数次出任广西提督，三度出关入越，追剿农民起义军，对中、越两边的地理环境比较熟悉；他还爱护民众，深受中越两国人民的拥护；特别是他虽已年届七旬，须发皆白，可冲锋陷阵，依然一马当先，勇气不减当年。因此，要重振军威，非冯子材不可。李秉衡在担任了护理广西巡抚以后，便提出由冯子材帮办军务，负责指挥全线军事。王孝祺当即赞同，其他各军将领也一致拥护。

其实，冯子材已在军中早就享有崇高的威望，各军将领对他无不敬仰。虽然苏元春和王德榜两人相互之间有矛盾隔阂，但对于冯子材却无不钦仰，礼貌有加，都把他尊为前辈老将军。即使是潘鼎新，从内心上说，也从心底里十分敬仰冯子材。他之所以百般排斥他，主要是怕他坚决抵抗，扰乱李鸿章的谈判议和计划，使他在李鸿章面前不好交代。这时他已被撤职，不担任广西巡抚了，就没有这份责任了，自然也支持冯子材了。从后来他在战场上的表现来看，也是积极服从冯子材的指挥的。这样冯子材就被各将领一致拥戴，公推为镇南关前线的主将了。

# 第四章 加强工事 提振士气

冯子材被公推为全军主将以后，就开始筹划如何打好这一仗，转败为胜。他感到这时首先要做的，就是要加强防御工事，提振全军士气。他认为，法军攻破镇南关以后，很快就主动撤退，这不是他们怯战，也不是他们不想打了，到此为止，而是他们的后续部队没有跟上，如继续前进，就会陷入孤军深入，导致全军覆没的危险。英、法等国早就觊觎中国云、贵地区的铜、锡等五金矿产了，他们不会就此罢休的。待后续部队赶到以后，他们还会再来的。因此，我们必须赶在他们前面，赶筑防御工事，在他们发动新的攻击之前，把防御工事全部做好，形成一个攻不破的铜墙铁壁。

关于防御工事，包括两个方面：一是原有的防御工事，如这次潘鼎新、苏元春、王德榜、蒋宗汉、魏纲他们撤退以后所驻守的海村、幕府、油隘、凭祥、艽葑等等，原本就是军事要地，原先已经建有防御工事，只是由于时间久

镇南关清军布阵图

远，有的已经坍塌，必须趁这战争间隙期间，迅速加固完备即可，无需另行建造。二是这次冯子材和王孝祺所驻守的关前隘，原本就没有驻过军，毫无防御工事，必须建造新的防御工事。而且这时他们已经成为新的主力军，这里很有可能成为主要战场，因此这里所建的防御工事，必须是更加坚固更加雄伟。于是冯子材与王孝祺在关前隘十里地方，两山谷地最峡之处，建筑了一道高 7 尺、宽 4 尺的长墙，以阻挡敌人的进攻。在长墙之前挖一条堑壕，深 4 尺，堑壕内密插竹签，人若跌入堑壕内，必被戳死无疑，实际是不让敌人接近长墙，以加强长墙的防御性能。另在关前隘的东西两岭山上建筑若干炮垒，安上大炮，轰击来犯之敌，并在各险要地方随处修建堡垒，由冯子材萃军驻守，王孝祺勤军驻守在萃军之后半里许，与萃军形成犄角之势，互相声援。

但是，就在冯子材他们的长墙和堑壕刚刚建成，东西两岭的炮垒还未完全建成，只建成东岭上的五座炮垒和一些分散的小垒，就得到越南民众的报告说，法军将要西出扣波，袭击艽葑、牧马，然后从西面绕到清军背后，对清军实行包围，实施南北夹击，企图对清军实行围歼。冯子材闻报后，即与苏元春商量并进行分工，指出艽葑仅有魏纲一营鄂军驻防，仍显力量单薄，不足以御强敌。因苏元春败退之初曾驻守过艽葑，对艽葑地形比较熟悉，建议仍由苏元春派遣部分兵力回防艽葑，配合魏纲，以加强艽葑的防务。冯子材自己则派遣 6 营萃军去扼守扣波。于是，苏元春立即派遣部分兵力，前往艽葑配合魏纲驻守。3 月 13 日，果然有数十名法军率领一批越南天主教民前来偷袭艽葑，发现清军已有准备，严阵以待，乃调头而回。可当他们刚刚调头要撤回时，未曾料到，冯子材的 6 营萃军已迎面扑来。法军仓促应战，军力不支，很快就败下阵来，落荒而逃。冯军缴获一头驮载军火的大象，俘获两名黄旗军的叛军。

### 小贴士

**黄旗军**：原广西农民起义军领袖吴亚忠部下，黄崇英所部，因其黄色军旗上书写有一斗大“黄”字，故名“黄旗军”。冯子材曾入越对其进行过镇压，剿灭其大部，其残余部分即交由越南地方政府予以处理。然而待冯子材回国后，其余部分旋即投靠法国侵略军，与中越人民为敌。



3月18日，法军又来争夺扣波，又被冯子材萃军击败，狼狈逃窜。由于道路狭窄，树木丛生，法军穿着长裙式的军衣不利逃跑，纷纷脱下军衣军帽挂在树上，狼狈逃跑。

法军在扣波连续两次失败，发现情报有误，恼羞成怒，以为是越南南定府知府有意欺骗他们，气得将南定府知府的儿子杀死以泄愤，从此便改变了从西边迂回到清军侧背，实施攻击的战略。

冯子材在扣波连续取得两次胜利，但这两次接仗毕竟是小规模的，两次小胜利还不足以提振士气，必须打一

大破象阵图

个大胜仗才能提振全军士气。就在这时他得到情报，说法军将要在 3 月 24 日至 25 日间再次前来攻打镇南关。冯子材心想：与其让法军前来攻打镇南关，我被动挨打，不如我主动出击，变被动为主动。同时我若主动出击，还能打乱他们的作战部署，更有利于我军部署。如果我军打一个大胜仗，还能大大提高我军士气。于是他就与潘鼎新和各军将领商量，准备于 3 月 22 日主动出击，攻打距镇南关最近，只有二三十里地的文渊。但大多数将领表示反对，潘鼎新也认为士气尚未恢复，不宜作战。冯子

缴获的法军军服

材提出：潘鼎新、苏元春、王德榜等原先在广西的军队，刚刚从前线撤回不久，士气尚未恢复，可以继续休整，恢复士气，不必出战。他与王孝祺带来的广东军来到广西前线，已经一月有余，至今尚未经历大规模的作战，正士气旺盛，跃跃欲试，应该趁他们士气旺盛之际，带领他们打个大胜仗。一则借此可以磨炼他们的意志和精力，也可以借此提振全军将士们的士气；如果再不让他们打仗，长此下去，他们的意志也会被消磨掉的。而且这两军合在一起，已有二十六营一万多人，除去调往扣波和驻扎龙州

缴获的法军军帽与护腿

的七八营以外，驻扎关前隘的即有十七八营，力量已十分可观。这次攻打文渊，还无需这么多人，因文渊敌军只有第二十三团约一千人，各营只需抽调部分兵力，即足以与敌军相抵敌。如果让这部分生力军意志消沉下去，那广西前线的国防将无以支撑。经过冯子材的力争，潘鼎新与各将领也同意了。于是，冯子材将九营萃军各抽五成，王孝祺在勤军八营中各抽七成，决定于 3 月 22 日出战。

3 月 21 日下半夜，冯子材和王孝祺两军即生火做饭，军士们饱饱地吃了一顿，然后出发，兵出镇南关，直奔文渊，四更时分即到达文渊镇街心，与巡哨敌军接触，开始枪战。这时大部分敌军还都在睡梦之中，被这突如其来的枪声给打懵了，赶快起身跑到外面乱放枪，一时间枪声大作。文渊镇在山崖之中，山上建有三座炮垒，里面安置有杀伤力巨大的大炮。炮垒里的法国炮手听到山下枪声大作，也摸不着头脑，便急忙向山下漫无目的地乱开炮。炮声隆隆，整个文渊镇都被炸开了锅。慢慢地天亮了，敌我双方阵营开始清晰。敌军大炮开始对准清军阵地开炮。这时战斗异常激烈，清军伤亡惨重。王孝祺的坐骑也被击中毙命，他换了一匹马继续战斗。冯子材一看这阵势不对，心想不能这样打下去，若这样打下去，我军伤亡太重，必败无疑。他与王孝祺商量暂时撤出阵地，想办法端掉对面山上的敌炮。王孝祺自告奋勇地说，由他去端掉这对面山上的大炮。于是他挑选了数十名决死队员，绕到山后攀缘绝壁而上。这里冯子材则指挥部队撤出阵地，退出战场，法军也不敢追，实际上双方都在休战。约莫个把小时，王孝祺他们攀缘绝壁爬到了山顶，敌军炮手竟然没有发现。他们轻手轻脚地走到敌炮台后面，对着敌炮手一阵子弹，放倒了两个炮垒的炮手。第三座炮垒的炮手一见这阵势，拔腿就跑。这样敌军三座炮垒全给端掉了。这时冯子材指挥清军便重返战场。法军没有了大炮的支援，渐渐地不支了，丢下大批尸体，纷纷后撤。冯子材他们一直战至下午未时。这时，战士们已连续行军作战十几个小时，没有用餐，又饥又累。冯子材见法军已走远了，自己也决定撤退，收兵回营。

同一天，冯子材亦曾派人通知驻扎扣波的萃军，派遣该驻军的中、左、右三营，前往文渊参加会战。结果他们在文渊以西某地，与敌军遭遇，双方进行了激烈战斗，自早晨一直战至中午，取得了巨大胜利，击毙击伤多个敌人，后因路远，且已大半天没有用餐，也撤回扣波去了。

冯子材与王孝祺率部回到营地。他们打了个大胜仗的消息，不翼而飞，很快传遍了全军，于是整个清军营地沸腾了。这是近两三个月以来，清军所取得的最大的一次大胜仗，因而他们无不欢欣鼓舞，昔日失败的阴云一扫而空，士气大振。

# 第五章　镇南关前　横扫强虏



冯子材攻打文渊之役，果然打乱了尼格里的作战计划。原本计划 24 日和 25 日进攻镇南关的尼格里，当得知文渊失败的消息以后，恼羞成怒，当即决定报复，随即命令传令兵吹号，集结所有在谅山的部队。全旅集结完毕后，他除留下少数人员留守谅山以外，其余人员带上六天的干粮，全部出发北上，再度攻击中国镇南关的清军大营。晚上 7 点，法军进至文渊通向镇南关的大路旁，司令部即设在路旁的稻田里。然后他分配任务：以在文渊新败之余的第二十三团依然据守文渊，并守卫好这条交通大道，第一四三团为前锋，第一一一团居中，外国人编成队第二营殿后，旅部和外国人编成队第三营以及新到的援军为后备队，总计两三千人，第二天一早向镇南关出发。

3 月 23 日早晨 5 点，各队拔寨起步，8 点半即抵达镇南关，在关内集合，等待侦察部队报告清军军情。这天一

关前隘防御工事与法军三路进犯图

早即大雾弥漫，只听得镇南关前隘一阵枪响，大概清军与敌侦察兵遭遇上了，双方枪击一阵。10 点半大雾开始消退，法军兵分三路，开始进攻，以第一四三团配以炮队抢占清军左侧东岭炮垒，第一一一团步兵在谷底，沿关前隘大道，直扑长墙，以外国人编成队配以开花炮为右翼，攻击前进，对驻守在关前隘的清军阵地实施全面进攻。

面对法军的攻势，冯子材也做了周密的部署，以自己从广东带来的 10 营萃军居中，依托长墙的坚固防御工事，以抵敌法军前锋步兵枪队的冲击；陈嘉的 8 营镇南军

冯子材举刀杀敌图

和蒋宗汉的部分广武军为左翼，据守东岭炮垒；王孝祺的8营勤军为右翼，分别抵敌沿东西两岭而来的敌开花炮队；驻守在关前隘之后五里幕府村的苏元春10营毅新军，则作为冯子材萃军的后援以为声援；驻守在镇南关外30里油隘的王德榜定边军，专为阻击敌军援兵，在击退敌援军以后，再回过头来从后面袭击敌军，对敌军实行前后夹击。其他各部队因距阵地较远，则各自见机行事，配合主阵地随时打击敌人。

敌军来势非常凶猛，一入关即展开猛烈进攻，左队第一四三团首先抢夺东岭炮垒。清军炮垒则向第一四三团猛烈开炮。一时间炮声隆隆，震耳欲聋，声震七八十里以外。法军第一四三团沿着东岭山坡小路，漫山遍野地拼命向上爬，企图抢占东岭炮垒，双方争夺十分激烈。右翼开花炮队，也不时向清军阵地开炮，为步兵枪队开路，掩护其向前冲杀。敌步兵枪队也枪声大作。阵阵炮声和着枪声，在山谷间回荡轰鸣，掩盖了人们的喊杀声，有时人们当面讲话都听不到。当时由于防御工事尚未完全建成，只建成关前隘长墙和长墙前堑壕，以及东岭的五座炮垒与一些分散的小垒，守垒的士兵也较少，西岭的炮垒还根本没有开工建设，因此一开始，东西两岭的抵抗力显得有些薄弱，法军很快就侵占了东岭的两座炮垒，下午四五点钟时又抢占了第三座炮垒。尼格里站在第二炮垒的制高点，向关前隘长墙内一看，只见长墙内全是宽大的白色帐幕。他知道这就是清军大营，便立即命令向长墙开炮，支援第一一一团冲锋。冯子材一看这架势心里急了，立即向全军将士说："若法军再入得关来，我们还有何面目再回广东，去见我们的广东父老乡亲们！我们还有何面目再活在这世上！"王孝祺是淮军将领，李鸿章的旧部。李



### 小贴士

**萃军**：萃军计有 18 营，2 营驻扎龙州，另五六营已于 3 月 13 日前，由杨瑞山率领调往扣波驻守，留驻镇南关的实际只有十营。

鸿章一贯奉行对外妥协的外交方针，不能认真抵抗外敌入侵，因而为世人所诟病。潘鼎新新近败退广西，就是忠实执行李鸿章妥协外交政策的结果，因而也为广西人和全军将领所窃笑。但是淮军将领也不都是如潘鼎新那样，在民族和国家利益的大原则下，一意迁就李鸿章。大多数淮军将领还是坚持原则，以国家民族利益为重，对于外族入侵，国家和民族利益受到侵害时，能坚决反抗外国侵略的，刘铭传在台湾的抗法斗争，就是鲜明的例证。王孝祺这次也要以自己英勇抗击法国侵略的实际行动，来纠正人们对淮军的偏见，誓死捍卫国家和民族的利益。所以在这次战役中，王孝祺表现得特别英勇顽强，他亲率所部勤军冒着敌人的枪林弹雨，从关前隘小道绕道到右翼敌人的侧背，从山谷下向着敌开花炮队实施仰击。虽然地势对自己不利，但他们勇猛的气势，却使敌人大吃一惊。在他们猛烈的打击下，敌军不得不稍稍退却。

双方从上午一直战斗到下午酉时（下午四五时）。敌军虽然占领了东岭三座炮垒，但右翼敌军在王孝祺从侧背这突如其来的打击下也稍稍退却，实际是不分胜负。而战争异常激烈，敌左右两翼各自数十门大炮同时向着清军阵地轰击，步兵枪队拼命地冲击，阵前枪弹已累积寸许。这时驻守在冯子材身后五里许幕府村的苏元春，也为冯子材和王孝祺的大无畏精神所感动，在观望了数小时之后，再也坐不住了，立即指挥所部杀上前去，支援冯子材。冯子材得到苏元春的支援，如虎添翼，越战越勇。

同时，关前隘阵地上“隆隆”的枪炮声也传到了关外以东30里的油隘。驻守在这里的王德榜听到枪炮声，知道关前隘冯子材、王孝祺他们已经与法军打起来了，便根据事先冯子材的布置，率领所部定边军，从斜刺里插向文渊前的大道上，这时又听说关前隘与敌人接仗失利，已丢失三座炮垒，正要赶赴镇南关去支援冯子材。可刚翻过一座山坳，提督张春发就发现前面大批法军，押着两三百匹骡马，驮载着大量的军火弹药和干粮，沿着镇南关大道急速前进。王德榜立即指挥所部向前攻击，激战数小时，将敌军击退，毙敌无数，自己伤亡也十分沉重，但依然回过头来，前往支援关前隘的冯子材大军。下午5点左右，他们赶到镇南关，从后面对敌第一四三团发起攻击，使第一四三团陷于前后夹击，不得不调整队伍进行迎战，从而大大地减轻了东岭正面战场上清军的压力。

双方战至傍晚6点多钟，双方士兵整日激战，未进滴水，又饥又累，均已疲惫不堪，乃鸣金收兵，各回本营就地休整，次日再战。

晚上，尼格里命令炮工队和骑兵队，连夜回同登和谅山搬运弹药军火，放在镇南关前后的固定地点，同时命令第一四三团爱尔明加中校明天一早出发，率领部分炮兵，抢占长墙左上方最高山头，发炮轰击清军，支援第一一一团向长墙冲击，攻破清军防线。第一四三团的另一部分和外国人编成队，继续进攻东西两岭。冯子材则依然如昨天的布置，以自己的萃军居中守卫长墙，陈嘉、蒋宗汉所部与王孝祺各守东西两岭，苏元春、王德榜均为后援。

第二天一早，同样大雾弥漫。爱尔明加中校一早就乘着大雾的掩护，向着长墙左上方的最高峰爬去。岂知华南的山与北方的山不一样，北方的山都是一个个山头彼此相连的，南方的山都是一个个山头各自孤立的，从一个山头到另一个山头，必须从这个山脚爬上山顶，再下到山脚，走到另一个山脚，再爬到山顶。这样爱尔明加带领一队人马，花了五六个小时才登上那个山顶。十点半左右大雾开始消散，至十一点多已全部消散，万里晴空。冯子材发现法军抢占左侧山头的制高点，立即派遣军队前往遏制。尼格里看到远处山坡人头攒动，以为是爱尔明加中校向第一一一团前进了，立即发号，命令第一一一团向清军冲锋，直逼长墙。东西两岭仍以开花炮发炮掩护，为步兵枪队开路，来势比前一天更加凶猛。真是千炮齐发，声震山谷，炮弹如雨注。清军有些新招募的士兵，从未见过如此激烈的阵势，不免有些胆怯，不敢向前，甚至有个别的士兵后退逃跑。冯子材一见这情景急了，立即向士兵喊话，鼓励士兵向前冲杀，说："要向前冲，只要向前冲，不要说大炮，什么都不怕了。"同时他训令广大将士，不准后退逃跑，凡后退逃跑者，一律格杀勿论！他与各将领约定，凡遇后退逃跑者，无论是驻桂主、客军，还是粤军，一律杀无赦。他还在后面设立关卡，堵截后退逃跑的士兵。他与王孝祺都亲自杀死了一些不听命令，畏敌潜逃的兵士。经过他这一严格的训令，军士们的情绪开始稳定下来，再也没有畏缩逃跑的了，个个都奋勇杀敌，不避凶险。

然而法军同样十分彪悍，在开花大炮的掩护下，奋勇向前，直扑长墙。有的已冲破长墙栅门，跃入墙内。这时只见冯子材手执短枪，身着短衣，脚蹬草鞋，振臂高呼道："将士们冲啊！现在我们报效祖国的时候到了，为国杀贼，在此一举，虽死犹荣！"说着，他随即打开栅门，冲出长墙，对着敌军猛烈射击。银白色的长长发辫和须髯在明媚的阳光照耀下，熠熠发亮。他的两个儿子冯相荣、冯相华紧随其后，也冲出了长墙，与敌搏斗。众将领见此情景，纷纷打开栅门，跃出长墙，冲入敌阵，展开厮杀。其他各将领见此情景，也无不深受鼓舞，个个摩拳擦掌，奋勇杀敌。王孝祺部下的两名哨长，赏戴花翎的都司刘治鳌、许炳煊冲在最前面，不久便中弹倒在血泊之中。众将士见此情景莫不义愤填膺，誓为他们杀敌报仇。王孝祺部将潘瀛，率领数十名选锋，赤膊袒臂，冲入敌阵，与敌捉对厮杀。陈嘉与蒋宗汉为争夺东岭已丢失的三座炮垒，曾七上七下，与敌展开拉锯式的奋战。为此陈嘉曾四次负伤，仍不下火线。居住在越南境内的游勇和华侨华民，听说冯子材率领他两个儿子亲自上火线杀敌，也都深受鼓舞，组织集合了千余人，积极配合清军作战，伺机截杀敌军。

调往扣波驻守的萃军，3 月 23 日听说关前隘的主力部队与法军打起来了，担心他们力量不够，除留下一营继续驻守外，其余五营在统领杨瑞山的率领下，连夜从镇南关以西一百多里的扣波赶来助战。还未到关口，老远就听到轰鸣的枪炮声，知道战争打得十分激烈，随即从摩沙抄出敌后，配合主力部队截杀敌人。王德榜昨夜回营以后，第二天一早也从甫谷赶来，正好遇到敌援兵开来，遂从横兜里将敌援军截为两段，敌援军前队不得不回头夹击王德榜所部。王德榜指挥所部全力奋战。其部将张春发、萧得龙尤为勇猛，冲锋陷阵，如入无人之境，阵斩多名法军及其军官，最后终于将这股援军击退，缴获骡马 50

多匹及其所驮载的全部武器弹药、干粮和饷银货币。

王德榜击退了敌援军以后，又回头赶往镇南关支援冯子材他们。当他率部赶到镇南关时，陈嘉和蒋宗汉正与敌第一四三团争夺第四座炮垒，双方打得十分激烈。王德榜率部立即投入战斗，从后面掩杀敌军。这时王孝祺已将西岭之敌击败，也绕出东岭敌后，与王德榜一起合力夹击东岭之敌。东岭之敌突然遭到四面会剿，终于力不能支，败下阵来。于是陈嘉、蒋宗汉又终于将昨天丢失的三座炮垒一起夺了回来。

失去了左右两翼炮队的支援，法军第一一一团中路步兵枪队，前有冯子材的猛烈冲杀，后有杨瑞山 5 营萃军的掩杀，且这 5 营萃军刚从扣波回来，完全是一支新的生力军，战斗力特别强。在冯子材两路萃军前后的夹击之下，第一一一团渐渐不支。冯子材乘势发起冲锋，军号一响，一个个举枪奋不顾身地掩杀过来，喊杀声连成一片，响彻天空，盖过了枪炮声。冯子材的冲锋号声，也鼓舞了其他各军的战斗勇气，他们也一起向法军发起冲锋，从四面八方向法军猛扑过来。一名亲自参加过这场战争的法国军官后来在他的回忆录中写道：“中国军队的号筒响起‘前进’的命令，从所有的堡垒，从所有的天边各处，烟云一般的……展开旗帜跑来，发出把枪炮的音响都遮断的

冯子材镇南关驱敌图

喊杀声。他们因成功而胆力加大，奋力狂怒地向我军驰突前来；如果战事不立时中止，惨祸怕就要来临了。”尼格里一看这阵势，立即命令撤退。法军一听到撤退的命令，一个个拔腿就跑，清军则紧追不舍。这位法国军官在后来的回忆录中还埋怨冯子材军对他们紧追不舍，说“中国军跟踪追来。——法国军队未曾这样紧逼顽强地追赶过他们”。而且这时法军已连续作战两天，随身所带的枪子弹药已经用完，已经到了弹尽粮绝的地步了，加上后援已绝，援军所带的军火粮饷又全部被截，一下子斗志全消，个个惊慌失措，枪声顿时消失。这时尼格里也不能不撤退了，只是由于清军来势勇猛，尼格里措手不及，无法进行有效组织，结果撤退变成了混乱逃跑。

法军在逃跑过程中，天主教教民和投靠法军的中越叛军，因路途熟悉，跑得最快。包括非洲雇佣军在内的法国远征军，因不熟悉路途，便漫山遍野地乱窜。跑得慢的便被清军追上，一个个被杀死。许多法军跑不动了，或跑得慢落在后面了，就跪下来向清军作揖求饶；有的用两手护着颈项，因旧时代中国军队砍杀歼灭敌人，主要是以斩首的形式。

冯子材等率军一直追出镇南关外，这时天色已渐渐昏暗下来。将士们已奋战了整整一天，尚未用餐，又饥又渴，冯子材乃鸣金收兵，回营休整。而王德榜营盘在镇南关外以东 30 里的油隘，便顺道一直追杀敌至文渊，这时夜已很深，乃转道回营。而法军这一夜数惊，犹如惊弓之鸟。

总计这次法国远征军被歼人数有一千以上，其中法国军官即有数十个，第一一一团最后只剩下五个军官了。越南的天主教民和投靠法国侵略军的中越叛军，亦被歼数百个。此外清军还缴获大量枪支弹药、骡马等物资。

这就是中国近代历史上有名的镇南关大捷。经此一战，彻底扭转了中法战争的局势，从此中国即由败转胜，法国则由胜转败，而镇南关大捷实为其转折点。

# 第六章　乘胜追击　直捣谅山

3 月 24 日，冯子材取得镇南关大捷以后，休整一天，26 日即率清军出关，兵分三路追击敌军。冯子材以自己萃军为前锋；苏元春毅新军殿其后，为中路；陈嘉镇南军和蒋宗汉广武军为左翼；王孝祺勤军为右翼，当天下午即抵达文渊。

### 小贴士

**冯子材兵分三路追击法军的又一说法：**李秉衡在 1885 年 5 月 8 日的《奏各军克复文渊、谅山等处分别奖恤各员弁折》中称四路，将中路冯子材部萃军与苏元春部毅新军一分为二，把苏元春部与陈嘉镇南军和蒋宗汉广武军，称为中、左二路，冯子材萃军与王孝祺勤军称为中、右二路，但实际仍为三路。

文渊法军自知不敌，稍一接触便望风而逃，在逃跑之前犹不忘滥杀以泄愤，以文渊州知州暗通冯子材为借口，残忍地将其杀害，并破腹而去。冯子材乘胜追击，击毙法军红衣军官一名，法军携载尸首而逃。冯子材遂克服文渊州，在文渊休整一天，28 日继续追击前进。

3 月 28 日，冯子材按原先的兵分三路，继续前进，目标直指谅山省城河北岸的堡垒驱驴墟。在这之前，冯子材已与王德榜约定，28 日在驱驴墟会合，联合攻取驱驴墟，然后合攻谅山省城。所以王德榜率领定边军 27 日一早就出发，抵达板泮，很快就被驻守板泮的法军发现。法军欺他们孤军深入，遂调来大批法军迎击。王德榜率全军将领奋起还击。部将张春发、提督杨文彪、萧得龙等，各率所部分头迎击，奋力拼搏，终于将敌军击退，夺得两座营垒，然后继续前进，直抵驱驴墟。

驱驴墟是谅山省城的外围屏障，坐落在谅山东北面的山坡上，与谅山省城仅一河之隔，中间有一座浮桥相通，正面对着通往油隘和同登的官道，有一条官道与之相连，直通山坡上的驱驴城堡。在凉山山顶原有清军先前所建的城堡，法军侵占谅山省城以后，嫌清军先前在山顶所建的城堡不利于防守，乃于半山腰比较平坦的斜坡上，重新建造了这座新的堡垒，并建有一条暗道，与旧堡垒相通，以便上下照应，便于守卫。因而城池十分坚固，形势险要，易守难攻，形成了谅山省城的一道天然屏障。原先即有“守谅必守驱驴”的谚语，一旦驱驴不保，谅山必失无疑。

鉴于驱驴地理位置的重要性，尼格里在此做了周密的军事部署：一则以非洲军营为主体，配备有部分炮队，布置在山腰斜坡的左翼，以防清军从谅山北部绕道到驱驴的后面，从侧背攻击；以第一四三团和第二十三团的一部分，并配有相当的炮队为左翼，布置在驱驴的西南面，控制通向谅山省城的浮桥；而以第一一一团和第二十三团的另一部分，配有强大的炮队为中路，布置在驱驴新城堡前面的斜坡上，面对着通向文渊、同登的官道。斜坡向下缓缓倾斜，直到山脚。山脚之下是平原，一片稻田。有几条小河从北面山间流出，穿过稻田向南流去，一望无际。这里不仅能清晰地观察到从文渊、同登官道上开来的清军，并对其军事行动一览无余。而且前面是一片开阔地，天然良好的射击场，有利于其火力的充分发挥，易守难攻。所以这里是法军的真正主力，尼格里的指挥所亦设在这里。所以王德榜定边军的先头部队抵达以后，首先对这法军中路发起冲击。法军凭借其坚固的防御工事，坚守还击。定边军副将石成玉等在全军的掩护下，奋勇向前，猛烈冲击，然而刚刚冲上敌阵，即中弹负伤，不得不退下火线治疗枪伤。就在这时，突然乌云密布，越南北部的春雨说来就来，一下子就下起了暴雨，而且一直下到晚上，通夜大雨滂沱，直到第二天早上六七点钟以后才渐渐停息。定边军猛攻不下，在击毙了法军一名六画较高军官以后，即收兵回营，在平原农村废弃了的农舍度过一夜，等待第二天冯子材等大部队的到来，然后合力攻击。

第二天中午过后，冯子材率领的三路大军亦已抵达。原来冯子材 28 日自文渊出发以后，很快就抵达巴坪，正准备就地休息，就听说法军前来挑战。冯子材乃决定继续前进，准备兵分三路迎敌，自己和苏元春指挥萃军和毅新军为中路，进至界牌，与敌军接仗，陈嘉和蒋宗汉分率镇南军和广武军，王孝祺率勤军分别从左右两翼包抄至敌后。中路与敌军在界牌打得十分激烈，法军拼命抵敌，虽伤亡惨重，誓不后撤，但当陈嘉和王孝祺他们从左、右两翼包抄过去以后，截断了他们的后路，这下法军可慌了，纷纷落荒夺路而逃。于是三路大军便乘胜前进，抵达驱驴墟，与王德榜定边军会合。

各路大军会合一起，军力大增，乃合力攻击。冯子材观察了一下阵势以后，依然选择敌中路为突破口。

因为敌军右翼虽然兵力较弱，但必须绕过谅山这座大山，方能进抵谅山省城，远不接济；左翼则在西南，偏在一隅，必须越过中路才能进抵左翼；所以敌中路是绕不过的必经之路，便集中主要兵力攻击法军中路。但中路敌军十分凶狠，凭借其有利地形和优良的武器装备，负隅顽抗，猛烈射击，压住清军的冲击。清军则依托平原的村庄，避开法军猛烈的炮火，进行还击。双方激战了一阵子，尼格里发现他们的阵地太靠后，密集的火力对清军构不成威胁，乃决定将阵地向前移动，将清军统统置于他们的有效射程之内。然而冯子材却利用了法军移动阵地的这一刹那间，指挥清军部队迅猛地向前冲击。

法军刚刚移动阵地，还没有走几步，就看见清军大部队漫山遍野地冲上来。尼格里急了，立即命令，停止移动阵地，就地展开射击，一时又恢复了密集的火力。只见冲在最前面的清军一排排地倒下。游击陈国亮、林作亨、蒋得贵，千总苏芳儒等，均被子弹击中胸部而阵亡。另一游击陈显道则身负重伤。冯子材见伤亡如此重大，怕影响清军士气，经与诸军将领商量后，向各军做出悬赏激励，说"已征得两广总督张之洞大人同意，攻下谅山省城后，各军赏银三万两，已由广东转运局解运前来，希望各军戮力同心，拿下谅山省城。当下之急得首先攻下驱驴墟，因驱驴墟为谅山省城的前哨堡垒。驱驴不下，就无法接近谅山省城”。经冯子材这么一动员，全军士气大振，一个个奋力向前，猛烈冲击。陈嘉、蒋宗汉、方友升、陈桂林，以及记名提督和述廷等，各自挑选了数十名敢死队员，率领他们奋不顾身，连续不断地呼啸而上，联排冲击，一个个都视死如归，给法军以重大杀伤，连尼格里也身负重伤，胸部被子弹击中，失去了指挥能力，不得不把指挥权移交给旅部除了他以外，军衔最高的爱尔明加中校，然后由担架将其抬下。



双方战斗到下午四时，清军依然是勇气百倍，越战越勇，而且军号声声，不断地在调动各路军兵。平原北部的各个山冈上，清军旗帜招展，随时准备投入战斗。西南边各山冈上成排成排的清军压迫法军的左翼阵地，与法军争夺通向省城的浮桥。爱尔明加中校还听说已有大批大批的清军越过谅山省城，正在向谅河下游走去。他一看这阵势急了，担心陷于清军的重重包围之中，全军覆没。下午四时多，爱尔明加中校来到电报房，与尼格里分别致电法国远征军总司令波里也，办理指挥权的移交手续。同时爱尔明加也报告了撤退的决定，虽然波里也和尼格里均表示反对，但尼格里已移交了指挥权，无权干涉撤退命令。波里也则远在河内，不了解前方战况，也不好固执己见，同意由爱尔明加中校自行决定。傍晚时分，爱尔明加下达了撤退命令，法军纷纷通过浮桥撤入谅山省会。为防止清军紧随其后拥入城中，待大部队通过以后，即砍断浮桥。后面来不及通过浮桥的，不得不涉水而过。由于刚刚大雨过后，河水陡涨，淹死的法军也不少。

清军见法军后撤，蜂拥而上。勤军将领潘瀛手执清朝龙旗冲在最前，首先登上驱驴墟城堡，各军紧随其后，纷纷登城，遂攻克驱驴墟，缴获开花大炮八尊和大批军火武器。

冯子材攻克驱驴墟以后，指挥大军继续追击敌人，跟踪追至河边，见浮桥已被法军砍断，也仿效后面涉水过河的法军，连夜渡河。他们刚渡过河去，到达岸边，不料得到了一批萃军的接应。原来冯子材在 26 日攻克文渊以后，即派遣杨瑞山率领一批萃军，潜行至谅山省城城郊，27 日黄昏时候，乘着天黑渡过河去，埋伏在谅山城外，等待大军的到来。待冯子材指挥大军攻克驱驴墟，28 日晚连夜渡过谅河，到得河对岸时，便立即得到了预先埋伏在城外的杨瑞山所率萃军的接应。于是各路大军联合一起，准备在 29 日一早发动攻城。

当28日傍晚，爱尔明加中校将法军撤至谅山省城以后，随即部署撤离谅山省城。为了能尽快地走出清军的包围圈，他调回第一一一团的一个连，于当晚六点护送医疗队伤病员首先出发，沿着淇江右岸先行。然后他将全旅人员一分为二：以法国本国军队与一部分非洲轻快步兵和炮兵为一纵队，由他自己指挥，向着屯梅大道撤退；外国军队、萨克雪炮兵和海军炮兵以及一部分非洲骑兵为另一纵队，由寿非司令指挥，经卫街向谷松方向撤退。为使部队减轻负担尽快撤退，他命令将仓库里的十三万银元，大量的面粉，海军炮队的大炮和子弹等，统统抛到河里。晚上十点集合完毕，然后砍断了飘扬着法国三色旗的旗杆，开始出发，至晚上11点多钟已全部撤离谅山省城。所以当第二天早上冯子材组织攻打谅山省城时，发现谅山竟已变成一座空城。所以清军大部队进城以后，只发现几个喝得烂醉如泥而被丢弃的法国士兵。待他们醒来，询问大批法军的去向时，竟一无所知。冯子材他们便一面四处张贴安民告示，安抚广大越南民众，然后除留下部分清军驻守谅山，以资拱卫外，其余生力军兵分两路，于30日继续前进，沿着法军撤退的路线，追剿法军。一路由冯子材率萃军前后三营组成，直指长庆府治屯梅；另一路由陈嘉镇南军各营各抽六成士兵、苏元春毅新军七营、王德榜定边军四营和魏纲鄂军四营组成，兵指谷松。

爱尔明加中校28日晚上趁着月色，率领法军连夜离开谅山以后，一刻不停地急行军，直到第二天中午才抵达一个山隘村庄，停下来好好休息一下。这些法国远征军28日一早就进入阵地，接着就与清军进行激战，晚上不休息，连夜撤退行军，这时已人困马乏，疲惫不堪，所以抵达村庄时，刚一停下，便一个个倒下爬不起来，连煮咖啡的勇气都没有了。下午一时他们继续出发，一个个拖拉着行李，许多人脚上都起了血泡，直到下午5时才抵达屯梅，后卫直到晚上7点才到。另一纵队同样疲惫不堪，只要一停下就倒下睡着，很难叫醒他们。从谅山到卫街22公里，直到早晨五点半才抵达，足足走了7个多小时。从卫街到谷松，总共才35公里，直到晚上7点多才到，足足走了十三四个小时，连骡马都倒毙了好几匹。

冯子材萃军出发以后，一路上仅都司冯绍珠、把总梁有才，遇到小股外出侦察的法军侦察兵的抵抗，而且稍一接触即纷纷溃逃，然后就经由五台，很顺利地抵达屯梅。但当他们克复屯梅时，屯梅也是一座空城，仅俘获法军五画较高军官一人，天主教教民一人。原来爱尔明加中校指挥的法军仅在屯梅住宿一宵，第二天下午在冯子材他

清军克复谅山后追击法军图

们抵达之前，亦奉波里也将军之命，撤往谷松，与寿非司令指挥从谅山撤往谷松的另一纵队法军会合，然后继续逃往船头、郎甲，与法国远征军总部会合。当他们撤离屯梅的时候，依然焚毁了所有的账册、从法国寄来尚未分发的邮件和囤积的大批粮食，破坏了电信机器和所有的军事物资。

冯子材在屯梅住宿一宵，安抚民众，31 日，率萃军继续前进，攻克观音桥，破其营垒，阵斩其五画较高军官一人，以及其他官、兵各 15 人。

另一路由陈嘉、王德榜和革职戴罪立功的提督王洪顺等，各率所部，一路扫荡前进，相继克复威玻、山庄，31日抵达谷松，谷松又是一座空城，一路上仅俘获法国军官3人、军士10余人，天主教民20余人，击毙30余人，缴获大批枪炮武器弹药和军粮。

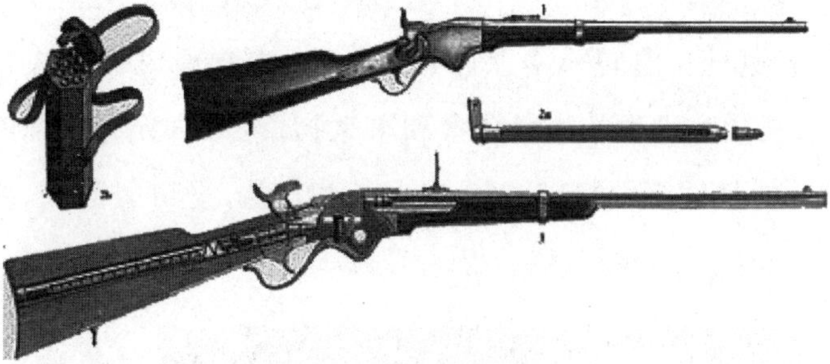

缴获的法军枪支

原来在30日，撤至谷松的寿非司令接到爱尔明加中校的电报，要他与爱尔明加中校指挥的法军一起撤往船头，叫他在谷松等候爱尔明加中校的到来。爱尔明加中校在30日傍晚5时，亦即冯子材抵达屯梅之前，率部离开屯梅，撤往谷松，于当晚12点半抵达谷松，在谷松的官丘大路上休息，等候寿非司令集合部队，到次日凌晨两三点钟集合完毕。爱尔明加中校即率领这支法军向船头方向继续前进，寿非司令率部紧随其后。在寿非司令等离开谷松时，同样遗弃了大量的粮食和军火武器，其中光枪炮子弹即有12.3万发。当31日陈嘉、王德榜追抵谷松时，法军已远离谷松。陈嘉和王德榜立即组织了40名青壮军士前往追赶。当时就有法国人报道并讥笑爱尔明加中校说："一支三千人的法国军队，在四十名清军的追赶下，狼狈逃窜。"最后法军架起大炮连放八炮，才阻止了清军的追赶。他们一路上，同样遗弃了法军原先储藏在禁街、官丘仓库里的大量粮食和军火物资，把官丘仓库里的200樽烧酒统统打破，800袋大米和食盐，把口袋戳破，掺和一起，用脚践踏，然后撤往船头。

缴获的法军大炮

陈嘉、王德榜他们继续追击，直至坚老、凝风一带，然后回到谷松驻守。这样，清军基本上恢复到“北黎冲突”以前的驻军所在了。潘鼎新也驾出镇南关，进驻谅山省城，准备与各将领筹划进一步的军事行动。

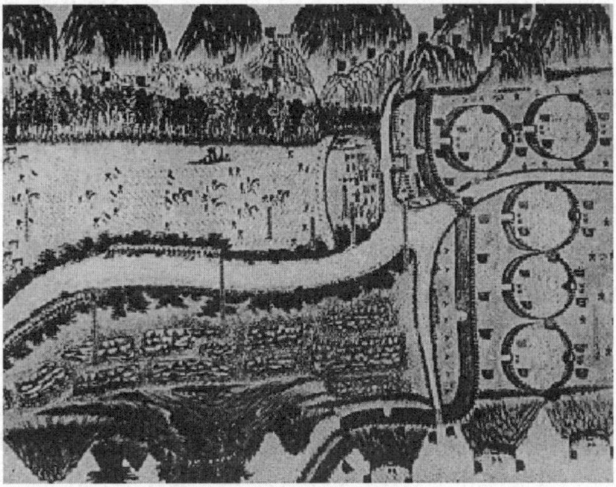

清军在观音桥布防图

就在这时，妥协派势力重新抬头，他们积极运动，主张就此罢休，利用这大好形势，与法国停战谈判。李鸿章说：“在法国战败的形势下，与其举行停战谈判，容易达成和议，不致提出过苛的条件，这样签订条约，对我有利，至少可以不用赔款。”朝廷接受了李鸿章的意见，同意停战谈判，致电前方将士，停止追击，统统率部退回国境线内。冯子材等众将士，接到电报命令后，无不跺脚，扼腕叹息。冯子材曾致电张之洞说：“我军气势正盛，正可乘胜光复北宁、河内两省，并且已经做好准备，很快就能实现；另外，他也已约定西贡城内有四十万人做内应，即使粮饷不足，一年左右定可得手。建议勿堕奸计，贻误时机。”他并请求张之洞上折，请诛提出议和之人。当时也有人把冯子材等众将士所接到的停战撤退的电报，比作当年岳飞在河南抗金前线所接到的十二道金牌令箭。



### 小贴士

**十二道金牌**：南宋爱国将领岳飞在河南前线抗金，节节胜利，收复了许多失地，妨碍了奸臣秦桧的媾和计谋。秦桧即在宋高宗面前挑拨离间，挑唆宋高宗在1141年一天之内连发十二道金牌，诏岳飞回南宋京城临安。岳飞手接金牌时长叹道：“十年之功，毁于一旦矣！”岳飞回临安后不久，即被秦桧害死。

然而冯子材毕竟是仕宦多年的朝廷大臣，深受封建伦理观念的熏陶，熟谙朝廷礼制。虽然他明知这是个错误的命令，不利于战争全局的发展，将使广大将士们用鲜血换来的胜利成果毁于一旦，也为以后时局的发展留下无穷的祸患和遗憾，但是君命不可违，将领的天职就是服从命令，更何况他还受到诸多的牵制。因此，他虽心有不甘，扼腕叹息，也只得服从命令，最大的怨恨也只能自己忍受，最后只得奉命撤军。

# 第七章　中越欢腾　法国动乱



冯子材指挥清军取得镇南关大捷，并乘胜追击，相继为越南收复文渊、谅山、屯梅、谷松等失地。广大群众齐声欢呼，许多人作文章，填词赋诗，或编写戏剧歌曲，纪念和欢庆冯子材所取得的这一巨大胜利。一些画家则将冯子材的许多英雄事迹和战斗场景画成图画，以表敬意和纪念。其中广大的越南民众，更是欢呼雀跃。

由于法军自侵入越南以后，四处抢掠，奸淫妇女，早就激起了越南广大民众和爱国官绅的强烈愤慨。早在中法战争之前，越南的爱国官绅即与退入越南境内屯田的黑旗军首领刘永福，联合一起，共同抗击法国侵略，在纸桥、河内等地痛歼法国侵略军。中法战争爆发以后，越南民众和爱国官绅更加积极支持清军的抗法斗争，对冯子材则表现得尤为热情和亲切。因冯子材先前应越南国王的邀请，已三次出关入越，帮助越南平定叛乱，由于其治军严格，纪律严明，沿途秋毫无犯。凡遭受叛军骚扰之处，他都一一予以抚恤，因而深得越南广大民众的爱戴，尊之若父母。其所经之地，人们箪食壶浆，齐集道旁，争相犒赏。所以，当冯子材率部来到广西抗法前线，指挥清军对法军作战，并追击法军直至屯梅、谷松时，广大越南民众和爱国官绅争为耳目，纷纷向其报告敌军信息，凡法军的一举一动，悉来报告。北自文渊，南至西贡，都有人与其暗通声息。如1885年3月13日和18日，法军两次偷袭扣波和牧马，企图截断唐景崧等清军的归路，并对镇南关清军展开包围，实行前后夹击的军情，就是由越南长治府知府派人报告给冯子材的。



## 小贴士

**唐景崧军**：唐景崧（1841—1903），字维卿，广西灌阳人，同治进士，选任吏部主事。中法战争爆发后，自请入越，招致刘永福投入抗法战争，在河内纸桥、山西一带沉重地打击了法国侵略势力，赏五品卿衔。张之洞任两广总督时，令其招募四营清军，后有增募二营，计六营，号“景”字营，由牧马出关入越，急行军1200里，支援西线刘永福、岑毓英，在宣光大败法军。

又如越南文渊州与广西交界，其文渊与镇南关密迩相近，其知州也常与冯子材暗通声息，不断向冯子材报告法军动向。所以冯子材在每战之前，早已对法军的一举一动了如指掌，针对敌军的一切举措，随时制定周密的应对之策，因而他每战必胜。

广西边民亦是如此。因冯子材历任广西提督，统兵驻扎广西已经好多年，纪律严明，关爱百姓，深受百姓爱戴。广大民众呼之曰“冯青天”！可这次中法战争期间，先前经过广西出关入越作战的清军就不是这样，有的军纪败坏，尤其是徐延旭统带的黄桂兰所部，纪律最坏，骚扰百姓，掠卖妇女。军中女子甚至比兵丁还多，百姓恨之入骨。听说这次冯子材又要带兵来广西了，百姓们听了，无不兴高采烈，站立道旁，箪食壶浆迎接；有的则向他诉苦。冯子材则将他们视若子弟，对他们深表同情和爱护，有的还给予一定的抚恤。他并以此告诫其他驻军将领，一定要严肃军纪，指出徐延旭、黄桂兰他们之所以连连失败，不能取胜，纪律败坏是一大重要原因。民众不予支持，将士贪生怕死，士兵不能用命，这样的军队怎能不败？

广大的中越民众不仅热烈欢迎冯子材，向他通报敌军信息情报，许多还积极参与其军事行动，或充当行军向导，报告敌军行踪；或帮助后勤运送军需给养、军火弹药；

或直接参与对法军的战斗。在镇南关大捷的战斗中，广西附近和镇南关外的广大中越民众，听到激烈的枪炮声以后，知道冯子材在镇南关已与法军打起来了，立即组织起来，赶到镇南关参加冯子材对法军的战斗，还有许多未经组织的，便以个人身份，赶来直接参加战斗，还有的就地狙击法军。据统计，这次参加镇南关大捷的越南边民游勇就有一千多人。后来也有许多越南民众和游勇帮助冯子材追击法军。3 月 30 日，当法军在冯子材的追击下撤出屯梅时，就遇到了一支越南当地土著首领率领的一支游勇部队的狙击，吓得溃逃中的爱尔明加中校，还以为是冯子材追击的清军到了，立即打电报给波里也将军，把越南的这支土著游勇描绘为冯子材的主力军，把当时的军事形势描绘得十分严峻，要求继续从屯梅撤退。有时当法军向越南民众打听冯子材清军的信息时，越南民众也会故意编造夸大冯子材的军情，吓唬法军。在 3 月 28 日的驱驴墟战斗中，当战斗打得十分激烈的时候，刚刚接任法军司令的爱尔明加中校向当地民众询问冯子材军队的动向时，当地民众就告诉他："已有大批冯子材的清军绕过谅山，向其下游淇江方向前进，似乎要截断谅山法军与船头的交通线，断绝谅山法军的退路。"这使爱尔明加中校十分恐惧。他担心一旦退路被截，就将招致全军复没的危险，于是下定了撤退的决心。实际上，当时冯子材正全力以赴，与法军争夺驱驴墟，根本无法分散军力，绕道到谅山下游去截断法军的归路。

清朝宣布停战谈判，命令冯子材撤军回国时，广大越南民众纷纷挽留，请求他不要回国，有的竟勒住他的马缰，哭泣着不让他走。还有数千越南民众不愿当亡国奴，做法国人的奴隶，跟着冯子材来到了中国，表示愿意长期做清朝的子民。后来清廷还专门电令云贵总督岑毓英和广西巡抚李秉衡，叫他们妥善安置这批越南民众。

5 月 5 日，当冯子材奉命撤回至广西边境，凯旋龙州

中法停战后萃、勤两军入关图

时，广西民众沿途焚香悬灯，敲锣打鼓，燃放烟花爆竹，延绵 30 里不绝，庆祝冯子材指挥清军，所取得的这场反抗法国侵略战争的巨大胜利。

与中越广大民众热烈庆祝这一巨大胜利形成鲜明对比的是，当法军在镇南关的惨败和在谅山、屯梅、谷松溃逃的消息传到法国巴黎以后，立即引发了法国政坛的“地震”，招致了法国茹费理内阁的垮台。

原来法国政界对茹费理所发动的这场侵略中国和越南的中法战争，有两种截然不同的反对意见。一派站在广大民众的立场上，反对以茹费理为首的政客们，为了自己的政治野心，悍然发动侵略越南和中国的中法战争，不断增加战争开支，先后已花去 12 亿法郎，伤亡 3 万多人，使法国民众遭受了巨大的灾难。另一派则是狂热的扩张主义者，他

茹费理

们同样主张向外扩张，这一点与茹费理是一致的，但他们比茹费理这些政客还要“左”，主张完全用武力征服清朝，以实现法国大资产阶级的政治目标，反对与清朝政府谈判。他们认为谈判是清朝的“一种诡计，以懈怠我们警惕之心，它或者另有计划中断谈判，再以广西军出来一赌运气”。但当3月27日，镇南关大捷的消息传到巴黎以后，开始时茹费理还依然抱着乐观情绪。一则尼格里还依然据守着谅山，尼格里并在信上蛮有信心地说他并不需要援军，他军队的士气毫不动摇。同时法国远征军的海军司令孤拔，还依然控制着台湾北部海面。因此，在3月29日议会的辩论会上，当有人向他提出质询，说“你们总以为与中国不宣而战，对于我们是有益的，并以为最可贵之点，是与中国佬维持着谈判状态，但这些谈判有什么结果呢?”当时，他还能“郑重地号召议院及全国勉持镇静态度”，“竭力防备不应有的软弱无能的情况发生”，指出“一旦内阁动摇，即法国显得犹豫不决的征象”，反而使中国增加自信心，使他们“认为，延长抵抗则将战胜法国的强韧”，这反而“损害整个国家的利益，不是一个内阁次要的利益”，从而使议院勉强通过了对内阁的信任案。

但是，当3月29日谅山惨败和溃逃的消息传到巴黎以后，情况就不同了，立即引起法国舆论和政坛的无限冲动。各报刊纷纷发表评论，严厉地批评政府。愤怒的群众则在议院门前的铁栅栏外和外交部门前举行集会，进行抗议，高喊“打倒茹费理”的口号。在议院大厦的走廊下，反对派更是气势汹汹，大势叫嚣，猛烈地抨击政府无能，提出倒阁，纷纷谴责茹费理“是国家的蠡贼”，“要求对他起诉”。

这时，茹费理的朋友们有的劝他辞职，“以资躲避”。但是他还抱有幻想，假装着对国家负责任的态度，在 3 月 30 日下午的议院会议上，强作镇静地提出了追加两亿法郎的财政拨款，以采购武器，增加援军，进一步扩大对中国和越南的侵略，以“补救谅山的失败”。但是他的提议遭到了议员们的反对。议员们纷纷提出：“首先必须使内阁倒台，然后再与别的内阁讨论在越南的战争问题。”这一意见得到了大多数议员的赞同，最后议院以 306 票对 149 票表决的结果，否定了茹费理的提案。于是，他不得不率领全体内阁成员，向共和国总统提出辞呈。法国总统当即批准。茹费理内阁就这样宣告垮台了。

茹费理辞职后，不敢从大门出来，就从边门偷偷地溜走，在经过一个桥头走向广场时，正好遇上示威游行的群众。大家一齐拥上去，将他团团包围起来，高喊着“打倒茹费理”的口号，许多人提出将他推到河里淹死，可见其侵略扩张政策的不得人心。

# 第八章　朝廷妥协　不败而败



镇南关大捷是中国近代史上，直到抗日战争之前，中国历次反侵略战争的一次最大胜利。然而中国在镇南关大捷中并没有收到应有的胜利成果，而是在谅山大捷之后，法国陷于一片惊恐之际，引发了政坛“地震”，导致茹费理内阁垮台，却让战败了的法国收到了意外的“胜利”成果，因战败而垮台的看守内阁总理茹费理成了这次胜利的“英雄”。中国被迫接受法国提出的条件，与其签订了屈辱的《中法停战条件》和《中法越南条约》。法国在战场上所得不到的东西，在谈判桌上得到了，成了真正的战胜国，而中国“不败而败”。

这是怎么回事呢？原来清朝统治者在马江惨败以后，在广大民众和爱国官员的推动下，激于一时的义愤，对法国宣战，可从来就没有下定过要坚决抵抗到底的决心。一则这时清朝财政已经枯竭，入不敷出，拿不出更多的钱支撑战争，许多战争费用都是靠各省“协饷”来解决的。

## 小贴士

**协饷**：旧时中国各省上缴的财政分为两类。一类是解往京师的，叫“京饷”；另一类是解往指定的兄弟省份的，叫“协饷”，或“协拨”。协饷也分两种，一种是定时的，也有在紧急情况之下临时调拨的。



而这时各省地方财政也同样已入不敷出，经常靠举借外债度日，根本拿不出许多“协饷”来支撑这场战争了。到1885年5月，四川尚欠广西1883年度的“协饷”约2.95万两白银，湖北、湖南、四川、江苏、江西五省，共欠广西1884年度的“协饷”约19.55万两白银。二则清朝统治者长期以来一直过着安享富贵的奢侈腐朽生活，担心战争打破他们那奢侈腐朽的生活秩序。特别是当时最大的地方实力派李鸿章，正在筹建北洋水师，这是当时中国规模最大的一支新式海军，建造天津大沽、威海卫、旅顺军港，已经举办并正在举办金陵制造局、轮船招商局、电报总局、开平矿务局、上海机器织布局等一大批重大的洋务项目，其控制下的淮军成了当时最主要的常备军之一。如对外作战实际就是消耗李鸿章的实力，这严重地损害了李鸿章的利益。所以自19世纪六七十年代以后，李鸿章就一直奉行对外妥协的外交政策。而且无论是清朝统治者还是李鸿章等人，一直把广大群众的反抗力量视为最主要的敌人，担心长期的对外战争会引起"民变"和"兵变"。1884年5月26日，李鸿章在致广西巡抚潘鼎新的一封信中就明确指出："广西思恩地区的民众反抗斗争正方兴未艾，散兵游勇也十分猖獗，若这两股势力结合，那将危害未已，势难收拾。"为此他告诫潘鼎新说："未有内患不清，而可御外侮者也。"可见李鸿章是真正"攘外必先安内"的发明者和倡导者。至于法国人，他则认为"《中法简明条约》刚刚签订，他们断不敢前来侵犯我国的边境……法国人虽有在谅山地区开拓疆界之说，但这一带都是崇山峻岭，荒无人烟之地，势难深入。彼不过嘘声恫吓而已。我们只需坚壁清野，截断其交通线，派兵坚守即可，千万不要与他们打起来"，主张对外妥协。所以，1884年8月26日清朝对法国宣战以后，他就四处散布法国的坚韧性，说"法国虽然会一时失败，但它是不会罢休的，他一定会不断添兵再来，不胜不休"。他建议慈禧太后适可而止，不要一竿子到底，非要与法国决一雌雄。慈禧太后和醇亲王奕譞也授意他与外国人接触，寻找机会，与法国停战议和。

西方国家如英国、美国、俄罗斯等国，也纷纷前来游说，提议与法国停战议和。一则他们想借游说之机，表示与清朝的“亲近”，以骗取清朝对他们的信任；二则他们担心中法战争若长期打下去，势必影响他们各国在中国的商业利益；特别是他们担心，在这场战争中一旦中国胜利了，中国人民的民族主义情绪将大大增长，必将在不断高涨的民族主义情绪驱使下，一起收回被西方列强所攫取的国家主权，那将使整个西方列强在华利益受到巨大的打击。

所以自对法国宣战以后，李鸿章与法国的接触联系一直未断。开始时法国还态度蛮横，一口拒绝，和议未成。但到 1885 年初，法国的态度就发生了 180 度的大转变，因为这时法国在侵略非洲马达加斯加时，受到了严重的挫折，同时在埃及与英国争夺苏伊士运河控制权的斗争也白热化了，为了缓和法国政府的压力，不致树敌太多，不得不接受清朝停战议和的建议。而当时谈判的中心议题就是 1884 年 5 月 11 日李鸿章与法国海军中校福禄诺签订的《中法简明条约》。法国希望该条约能够得到“充分的、完全的、忠实的履行”，说这是他们“对中国政策的唯一目标”。李鸿章等人则认为“越南终究不是我们的领土，台湾才是我们不可分割的领土，现台湾兵寡粮缺，一旦有失，势难收复”，同意法国的方案。于是在总税务司英国人赫德的居间奔走之下，清政府聘任总税务司署驻英国伦敦办事处代表英国人金登干，为清朝全权代表，与法国外交部进行秘密谈判，达成双方停战条件。1885年3月25日，也就是镇南关大捷的次日，法国提出方案，即清朝驻越南的军队接到撤退回国的命令以后，法国亦即解除对台湾的封锁。金登干将法国的这个方案转告北京以后，清政府提出了两点修改意见：一是法国在解除对台湾封锁的同时，也要解除对北海口的封锁，因为法国为了加强对驻越清军的压力，后来也封锁了广东北海口（今

赫德

金登干

属广西壮族自治区)，建议在台湾后面加上“北海口”三字;二是关于撤退驻越清军的撤军期限问题，由于各地驻军有远有近，撤军命令不可能同时送达，撤退到边界的时间也会有早有迟，应分别对待。赫德提出:宣光以东亦即东线的清军，以4月10日、20日、30日为准，即4月10日接到撤退命令，20日开始撤退，30日撤至中国边界。宣光以西亦即西线的清军，则为4月20日、30日，5月30日。法国完全赞同，实际上至此，双方的停战谈判已经成功了，只是赫德在3月30日将此电发往巴黎时，巴黎3月31日才收到，而此时茹费理内阁已经垮台了。

这样中法停战协议已经基本达成，但是在签字时却遇到了问题。清朝由金登干签字，这毫无问题，因为他是清朝委托的全权代表。可由谁代表法国签字却成了问题，因这时茹费理内阁已经垮台，新内阁尚未成立。茹费理只是作为看守内阁总理兼外交部部长，处理一般事务，对于一般的行政公文他可以签字，可对于与外国签订条约这样的大事，他必须尊重新内阁，否则就要背上越权，不尊重和束缚新内阁的嫌疑。一旦新内阁总理对该条约持有异议，提出修改意见，甚至要全部推翻，那就不好办了。但是，此事又不能再拖延下去，等到新内阁的成立。这样，如果清军继续前进，那法军将要遭受更大的打击，失败更惨，损失更大；再则，如果清军继续扩大胜利成果，那清朝的主战派或许重新抬头，停战谈判或将夭折，这对法国更加不利。几经商讨，最后决定由外交部政务司司长毕乐代表法国签字。但是，外交部政务司司长代表签字，必须由总统授权。于是，4月4日上午，毕乐手持由茹费理副署的全权证书，前往总统府请示总统格列维。格列维听取了汇报以后，当即表示赞同，签字批准。于是，同日下午，毕乐即手持经总统批准的全权证书，与金登干分别代表法国和中国，在《中法停战条件》上签字，《中法停战条件》正式订定。

中法和议签字图

然而，就在《中法停战条件》签订的时候，毕乐和中国全权代表英国人金登干等，还玩弄了一个欺骗中国的阴谋，即法国仍坚持在第五款中，拥有“在停战期间，我们舰队的船只将继续禁止包括米粮在内的战时禁制品运往中国北方”，亦即法国舰队将继续实行对中国的封锁。这非但不平等，实际上依然处在战争状态，与条约本身不符。最后经赫德敲定，为了不伤害中国人的“自尊心”，该内容不写入《中法停战条件》条约之内，而以法国政府的“声明”形式出现，但“与条约本身有同等的价值”，保留在法国，但必须保密，不公开。若日后中国人发现了这一问题时，则已生米煮成熟饭，也无可奈何了。这是赫德、金登干和法国人背着清政府干的，可见非我族类，其心必异！

《中法停战条件》签订以后，4 月 6 日，清政府即以上谕的形式宣布批准，1884 年 5 月 11 日的《中法简明条约》正式生效。6 月 9 日，李鸿章即与法国驻华公使巴德禄共同签订了《中法越南条约》，对《中法简明条约》做了进一步的具体规定：中法两国派员共同勘定中越边界线，中国广东、广西、云南三省对法国开放通商，此后法国即在越南北圻开辟道路，中国如需建造铁路，也必须与法国商办。从此法国不仅侵占了整个越南，还将其侵略势力渗入了中国的西南。结果中国“不败而败”，冯子材等广大

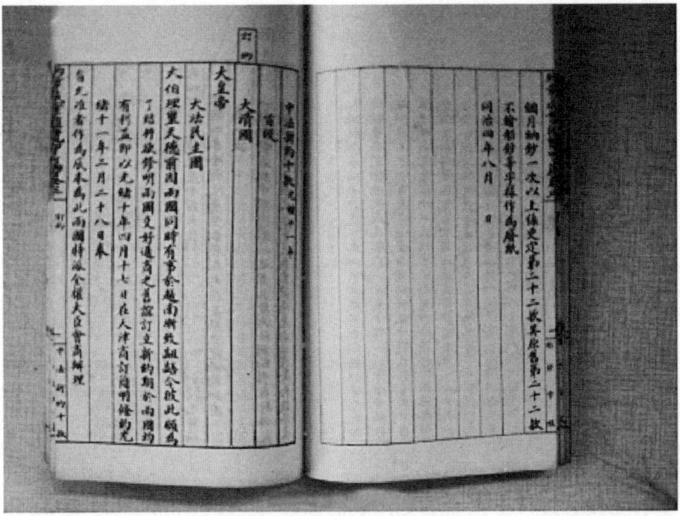


《中法越南条约》文本

爱国官兵用生命换来的镇南关大捷，就这样被李鸿章等妥协派给葬送掉了。

# 余　言

本小册子到此本已结束，但考虑到读者必然要问：冯子材自越南班师回国以后，又干什么去了？在此笔者为广大读者做一扼要介绍：

冯子材 1885 年 5 月初率部自越南回抵广西龙州，在龙州休整一月，于 6 月初即奉光绪帝谕旨，回广东督办钦州、廉州防务原任，并兼任会办广西边防事务，获赏太子少保衔、轻车都尉世职爵位。

### 小贴士

**太子少保**：古代辅佐太子的官职，这里只是作为赏赐给冯子材的虚衔。

1886 年，钦州爆发了王清和黄清领导的农民起义。他率部镇压了王清和黄清的农民起义，将他们绳之以法，旋即调任云南提督。他以年老，长年积郁瘴气，请求收回成命，解职回籍。朝廷随即改变调令，让他留任广东督办钦、廉防务，无须解职还乡。1894 年日本发动了侵略中国的甲午战争，北方沿海各省防务吃紧，而冯子材能征善战，屡建奇功，朝廷有意命冯子材挂帅出征，可又考虑到他这时已经 76 岁了，不知他身体如何，还能不能披挂上阵，就令两广总督李瀚章去与冯子材商谈，看他能否带兵北上，抗击日本侵略。



### 小贴士

**李瀚章（? —1899）**：安徽合肥人，李鸿章兄弟。贡生出身，早年历任湖南益阳等县知县，后为曾国藩湘军经理后勤粮饷有功，历升广东督粮道、按察使、布政使。后历任湖南、江苏巡抚，湖广、四川、两广总督。1895 年因病辞职。

冯子材早就听说日本发动侵华战争，李鸿章北洋水师全军覆没，气得直咬牙，恨不得一脚就踹死日本鬼子，听李瀚章说朝廷有意让他率部出征日寇，立即起身用手指着天说道："我虽已耄耋之年，但论报国杀敌，绝不输与年轻人，不赶走日本兵，誓不生还！"得到朝廷批准，他即率部北上，甫抵江南，得知中日已达成和议，签订了《马关条约》。他气得直跺脚，仰天长叹道："耻辱啊！耻辱！"朝廷依旧命他回防广东钦、廉。这时他似乎对朝廷已经失去信心，屡次请求解职，均未获准。他就干脆赴云南就任云南提督去了，并统领云南全省防营。1900 年，义和团运动爆发，朝廷命他率领数营军队进京，以备调遣。他正准备出发，八国联军就发动了侵略中国的战争，攻下津、京，

冯子材墓

慈禧太后挟着光绪皇帝逃到西安，他即取消进京计划。次年冯子材被调任贵州提督，他请假回籍修葺祖宗陵墓，且已 83 岁，经请求获准解职还乡。1903 年，广西的农民运动又日趋高涨，朝廷又起用他，任为会办广西军务大臣，前往镇压农民运动。他刚刚招募成军，正要开拔前往广西时，突然无疾而终，享年 86 岁。

## 参考书目

1. 诺蔓撰:《东京——法国在远东》,英文、法文,伦敦出版1884年版。

2.《法国黄皮书——中国与东京事件》(1884—1885),法文,法国外交部出版1885年版。

3.(清)唐景崧撰:《请缨日记》,光绪十九年(1893)刊。

4.(清)冯子材撰:《军牍辑要》(一名《冯宫保军牍》),光绪二十一年(1895)排印本。

5.(清)刘名誉辑:《越事备考》,光绪二十一年(1895)刊。

6.(清)李鸿章:《李文忠公全集》,光绪三十一年(1905)刊。

7.(民国)汪康年:《克复谅山大略》,收入《张文襄公全集》,民国十七年(1928)刊。

8.(民国)故宫博物院编:清光绪朝中法交涉史料,民国二十五年(1936)刊。

9.(民国)故宫博物院档案馆编:中法越南交涉史料,民国二十五年(1936)刊。

10. (民国)黄海安:《刘永福历史草》,民国三十六年(1947)排印本。

11. 牟安世著:《中法战争》,上海人民出版社 1955 年版。

12. 阿英编:《中法战争文学集》,中华书局 1957 年版。

13. 毛健予著:《冯子材》,湖北人民出版社 1958 年版。

14. 邵循正等编:中国近代史资料丛刊本,《中法战争》,上海人民出版社 1959 年版。

15. 广西壮族自治区通志馆编:《中法战争调查资料实录》,广西人民出版社 1982 年版。

16. 沈奕巨著:《镇南关大捷》,广西人民出版社 1982 年版。

17. 杨万秀、吴志辉著:《刘永福》,河南教育出版社 1985 年版。

18. 施宣圆、吴树扬著:《刘永福》,上海人民出版社 1986 年版。

19. 中法战争史研究会编:《中法战争论文集(第一集)》,广西人民出版社 1988 年版。

20. 戚其章辑校:《李秉衡集》,齐鲁书社 1993 年版。

21. 张振鹍主编:《中法战争》,中华书局 1995 年版。

22. 黄振南著:《中法战争诸役考》,广西师范大学出版社 1998 年版。

23. 苑书义等主编:《张之洞全集》,河北人民出版社 1998 年版。

24. 汪衍振著:《中法战争》,中国青年出版社 2012 年版。